U0673587

中浦院书系
编 委 会

主　任　周仲飞

副主任　王金定　郑金洲　熊　云　刘靖北　张生新　宋　今

委　员（按拼音排序）

陈　忠　何立胜　刘靖北　刘根法　沈　军　宋　今　王金定
熊　云　燕乃玲　张生新　赵世明　郑金洲　周仲飞

中浦院书系·研究报告系列

公共危机管理
典型案例·2015

Gonggong Weiji Guanli Dianxing Anli·2015

李一静　主编

人民出版社

责任编辑：洪　琼

图书在版编目（CIP）数据

公共危机管理典型案例·2015 ／李一静　主编 . — 北京：人民出版社，2018.7

（中浦院书系·研究报告系列）

ISBN 978 - 7 - 01 - 019430 - 1

I. ①公…　Ⅱ. ①李…　Ⅲ. ①国家行政机关 - 公共管理 - 危机管理 -

案例 - 中国 -2015　Ⅳ. ① D63

中国版本图书馆 CIP 数据核字（2018）第 124296 号

公共危机管理典型案例·2015

GONGGONG WEIJI GUANLI DIANXING ANLI 2015

李一静　主编

人民出版社 出版发行

（100706　北京市东城区隆福寺街 99 号）

天津文林印务有限公司印刷　新华书店经销

2018 年 7 月第 1 版　2018 年 7 月北京第 1 次印刷

开本：710 毫米 ×1000 毫米 1/16　印张：11

字数：200 千字

ISBN 978 - 7 - 01 - 019430 - 1　定价：44.00 元

邮购地址 100706　北京市东城区隆福寺街 99 号

人民东方图书销售中心　电话：（010）65250042　65289539

版权所有·侵权必究

凡购买本社图书，如有印制质量问题，我社负责调换。

服务电话：（010）65250042

总 序

中国浦东干部学院（简称中浦院，英文名称为 China Executive Leadership Academy, Pudong, 英文缩写 CELAP）是由中共中央组织部直接管理，中共上海市委协助管理，地处上海市浦东新区的国家级干部教育培训机构。中共中央政治局委员、中央书记处书记、中共中央组织部部长兼任学院院长，中共上海市委副书记兼任学院第一副院长。学院 2003 年开始筹建，2005 年 3 月正式开学。习近平总书记要求学院"按照国际性、时代性和开放性要求，努力加强对学员进行马克思主义最新理论成果的教育，进行改革开放和社会主义现代化建设新鲜经验的教育，在帮助学员树立国际视野、提高执政能力方面更有特色"。学院坚持"党校姓党"的根本原则，紧紧围绕党和国家的工作大局，依托长三角地区丰富的革命传统资源、改革开放的实践案例和现代化建设的丰富实践资源，紧扣改革创新、走中国特色社会主义道路的"时代精神"这条主线，突出"国际性、时代性、开放性"的办学特色，坚持开门办学、开放办学，走出了一条现代化、高水平、具有自身特色和优势的培训新路，在国家级干部教育培训格局中发挥了重要的作用，得到广大干部学员的好评和社会的广泛认可。

　　"中浦院书系"是学院办学特色的重要载体，又是学院办学十几年来教学培训成果的重要展示。为适应干部教育培训改革创新的要求，学院在培训理念、培训内容、课程建设、教学方式方法等方面进行了一系列的新探索，形成了"忠诚教育、能力培养、行为训练"的教学布局。忠诚教育，就是坚持"党校姓党"的办学原则，突出党的理论教育和党性教育的主课主业地位，加强对学员进行党的理想信念教育、宗旨意识教育、法治思维教育、反腐倡廉教育，教育干部忠诚于党的事业，忠诚于国家和人民的利益，忠诚于领导者的使命和岗位职责。能力培养，就是坚持把马克思主义中国化最新理论成果与中国特色社会主义道路的实践探索紧密结合起来，紧扣改革开放现代化建设过程中中国经济社会发展的重点问题，着力培养广大干部领导现代化建设的本领。建院以来，学院一直围绕科学执政、民主执政、依法执政开展培训，着力增强领导干部推动科学发展、促进社会和谐的能力。把创新发展、协调发展、绿色发展、开放发展、共享发展的理念纳入培训重要内容，打造品牌课程；并在提升改革创新能力、公共服务能力、社会治理能力、国际交往能力、群众工作能力、应急管理能力、媒体应对能力方面形成了独具特色的系列课程体系。行为训练，就是通过必要的角色规范和行为方式训练，对领导干部进行岗位技能、行为品格、意志品质和心理素质的训练，比如民主决策方法、情绪控制方法、媒体应对技术等，通过采取近似实战特点的行为训练，提高学员的心理素质、工作技巧和岗位技能。

　　学院在办学实践中强调理论联系实际的马克思主义优良学风，强化需求导向、问题导向、实践导向，将马克思主义基本原理与中国改革开放现代化建设的实践紧密结合，注重回答广大干部关心的热点难点重点问题。学院运用现代培训理念与方法，依托新型媒体与现代化的信息技术等教学手段，灵活运用讲授式教学、现场体验式教学、案例式教学、研讨式教学、情景模拟式教学等多种教学方式方法，突出学员的主体性，充分调动学员内生的学习积极性与参与性，提高培训的针对性和实效性。

"中浦院书系"以党的十八大和十八届三中、四中、五中全会精神与习近平总书记系列重要讲话精神为指导，围绕"五位一体"总体布局和"四个全面"战略布局，落实"五大"发展理念，聚焦改革开放中的重大理论与现实问题，集中反映我国经济社会发展的新理论、新知识和新实践，及时回应广大干部和社会民众普遍关注的热点问题，既是对我国改革开放和现代化建设事业发展的实践梳理和经验总结，又是对我国经济社会发展重点、难点、焦点问题的理论探索和理性分析，对全面深化改革开放的实践具有一定的指导和借鉴意义，同时也为干部教育培训提供了重要的辅助教材。

"中浦院书系"包括了学院在教学科研过程中形成的四个系列。

大讲堂系列。按照"四个全面"战略布局，围绕"创新、协调、绿色、开放、共享"五大发展理念，聚焦深化改革开放、城镇化与城市现代化、金融改革与现代企业管理、区域协调发展等五大系列品牌班次所开设的精彩讲座课程进行专题整理，形成了《改革开放实践与中国特色社会主义理论体系》《科学发展观的理论与实践》《创新驱动发展：理论与实践》《城市经济结构战略性调整》《产业经济的发展与创新》《金融改革与风险防范》《运用现代金融，促进经济发展》《国企改革与发展》《区域协调发展的理论与实践》《城镇化与城乡发展一体化》《城乡统筹与农村改革发展》《智慧城市与城市现代化》《资源节约型、环境友好型社会建设》《生态文明建设》《"一带一路"与对外开放》《中国特色的自贸区建设》《企业国际化中的政府行为、企业策略和市场机制》《城市文化发展》《政府职能转变与社会和谐发展》《加强社会建设和创新社会管理》《全面推进法治建设》《党建改革与创新》等30个专题。学院实行"开门办学，开放办学"，坚持"专兼结合、以兼为主"的原则，从国内外选聘具有丰富领导经验的中高级领导干部、具有较高学术造诣的专家学者以及具有丰富管理经验的企业家作为学院的兼职教师，尤其注重聘请那些在改革开放与现代化建设过程中干过事情、干好事情的人来培训正在干事情的人，把改革开放、现代化建设的实践素材转变为教材、实践者转化为授课者、实践地转化为授课地。注重把党性教育与专业化能力培养、理论教育与中国特色社会主义鲜活实践紧密结合起来。目前，学院已形成1000余人的相对稳定、不断优化的兼职教师队伍，成为学院培训的主力军。大讲堂系列所选入的专题讲座，是部分专兼职教师的精彩演讲，这些讲座内容不仅对广大领导干部的学习具有参考价值，而且对那些关注当代中国社会热点问题的人也有启发作用。

案例系列。建院十一年来，学院非常重视开发、利用、积累鲜活的和富有中国特色的案例，把案例开发和教学紧密结合起来，形成了案例开发与应用的新机制。学院通过公开招标，设立了十多个教学案例研究开发课题，并将案例及时运用到教学中去，"危机决策流程模拟"等一批案例教学课程受到学员欢迎。2009年以来，学院设立了"改革开放经典案例研究"专题项目、"基层党建优秀案例征集与评奖活动"，2012年又启动了"科学发展观案例"的收集与整理。学院采取与社会各方面力量合作的方式，进一步丰富了教学案例，形成了中浦院特色的案例教学模式和干部教育的教学案例库。目前已经完成了包括《科学决策案例》《高效执行案例》《沟通艺术案例》《组织文化案例》《组织变革案例》《危机管理案例》《教育培训案例》《心理调适案例》《书记抓党建典型案例》等九本案例集。

论坛系列。学院从创办以来就非常重视论坛发挥融智、创智的重要作用，注重论坛的开放式、高端化、国际化，邀请国内国际著名机构合作举办专题论坛，并纳入教学安排中，整建制地组织契合论坛主题的专题研讨班参加论坛，并邀请学员进行主题发言和研讨交流，开创了独特的论坛式教学，得到了广大干部的好评和社会的广泛认可。自2005年建院至今，学院举办了大大小小论坛近百次，邀请了60多个国家和地区的各界专家近千人，就国内外政治、经济、社会、文化问题进行深入的交流研讨，为政府决策提供智力支持。目前，我们已经打造了在国内外产生较大影响、具有良好声誉的论坛，如中国新加坡高层论坛、中浦国际领导学论坛、中浦长三角高层论坛、中浦金融论坛、中浦"一带一路"（自贸区）论坛等。此次集结出版的是代表性论坛的收录文章和讨论成果，目的就是凝聚共识，传播卓识。

研究报告系列。研究是提升办学质量与学院可持续发展的重要支撑。从创办以来，学院就以建设研究型创新型的学院为目标，提出了"科研支撑和服务教学"的发展战略，倡导"教学出题目，科研做文章，成果进课堂"的理念。学院成立10多个科研平台服务教学培训，重视"双师型"队伍建设，强调教师不仅要重视学科专业的发展，提升教学科研水平，同时作为一位培训师还要重视干部培训规律和干部成长规律的研究，并将专业研究成果和培训规律研究成果转化为教学培训内容。鼓励广大管理人员以教学为中心，深入一线，紧紧围绕学院发展战略、教学培训管理科学化、培训质量水平提升、核心竞争力培育等等开展常规工作的研究。学院长期对中国干部教育培训开展规律性研究和理论探索、实践创新，形成了目前国内独特的干部教育学学科，创办了具有一定影响的《干部教育培训研究》刊物，培养了一批具有一定理论基础、丰富实践经验、探索创新精神的干部教育培训研究队伍，在中国干部教育培训理论研究领域与实践创新领域产生了一定影响，为学院走在干部教育改革创新的前沿阵地提供了可持续的动力和支撑。研究报告系列包括《中国领导学研究（2006—2008)》《中国领导学研究（2009—2013)》《中国干部教育培训发展报告·2009》《干部教育培训改革与创新研究》《中国干部教育培训研究年度报告》等等。这些研究报告是我们追踪领导学、干部教育学学术前沿，进行理论探索与实践探索的结晶。

总之，"中浦院书系"充分体现了学院"国际性、时代性、开放性"办学特色，是中国浦东干部学院办学11年成果的集中展示。参与"书系"编写工作的不仅仅是学院的教研人员，而且包括学院的学员、兼职老师以及社会各界关心学院发展的领导、学者和实践者，他们为书系的出版做了大量工作，不能一一列举，在此一并致谢。这项工程也得到了人民出版社领导、编辑的大力支持，他们为"书系"出版付出了辛勤的劳动，在此表示衷心的感谢。

中国浦东干部学院常务副院长　周仲飞
2016 年 3 月

目录

中浦院书系 · 研究报告系列

"东方之星"号客轮翻沉事件

一、案例始末

（一）事件发生经过

经对气象、船舶有关情况的调查和船舶模拟试验，根据"东方之星"轮 AIS、GPS 轨迹资料，现场勘查记录及获救船员、旅客、事发水域附近船舶船员陈述，查清了事发经过。

2015 年 5 月 28 日 13:00，"东方之星"轮由南京港五马渡码头开航上行，计划 6 月 7 日 6:30 抵达目的港重庆。开航时在船船员 46 人、乘客 398 人；存燃油 30 吨、生活用水 17 吨、调载水 3 吨，艏艉吃水均为 2.10 米。

5 月 29 日至 5 月 31 日，途中分别停靠安徽安庆港（上乘客 10 人）、江西湖口石钟山、江西九江港、湖北武汉港。

6 月 1 日 5:00，停靠湖北赤壁。

6 月 1 日 11:44，"东方之星"轮由赤壁续航前往荆州港，当时天气多云、风力 2 级，能见度在 10 千米以上。

17:30，大副刘先禄、舵工李明万、水手黎昌华在窑咀（长江中游航道里程约 236 千米）接替大副谭健、舵工黄超、水手徐义庆操作船舶，航速约 14 千米 / 小时。当时天气多云、风力 2 级，能见度在 6 千米左右。

21:03，"东方之星"轮航行至"天字一号"附近水域（长江中游航道里程约 297.5 千米），航速约 14 千米 / 小时。此时前方远处有闪电，随后开始下小雨。

21:18，"东方之星"轮行驶至大马洲水道 3 号红浮（长江中游航道里程 301.0 千米）附近，遭遇了飑线天气系统，风向由偏南风转为西北风，风雨开始加大。

21:19，"东方之星"轮船长在房间听见风雨声加大，进入驾驶室。此时，当班大副刘先禄正在雷达显示器后指挥驾驶，舵工李明万在操舵，水手黎昌华站在车钟旁协助瞭望。船长向当班大副了解基本情况后，接手指挥。

21:21，风雨加大，瞬时极大风速达 24.6 米 / 秒左右（风力 10 级），能见度严重下降，船长命令大副减速，左微舵，欲转向顶风至右岸一侧水域抛锚。航速 12.0 千米 / 小时。

21:22，"东方之星"轮舵工逐步操舵至左满舵。航速 7.5 千米 / 小时。

21:23，"东方之星"轮航速逐渐下降至 2.2 千米 / 小时。随后，航速逐步下降为 0 千米 / 小时。

21:24，在强风作用下，船舶逐步向右后方后退。后退速度 4.0 千米 / 小时。

21:25，后退速度 5.6 千米 / 小时。船长察觉到船在后退，命令大副加车。

21:26，后退速度减缓至 5.0 千米 / 小时。此时该轮所处水域突遇下击暴流袭击，风力进一步加大，瞬时极大风速达 32—38 米 / 秒（风力 12—13 级）。

21:28，休班大副程林、谭健进入驾驶室。

21:29，在车舵作用下，后退速度减缓至 4.0 千米 / 小时。

21:30，在强风暴雨作用下，船舶偏转，风舷角加大，船舶处于失控状态，后退速度增加至 6 千米 / 小时。随后，船舶突然向右倾斜并开始进水。

21:31，船舶主机熄火，迅速向右横倾。

约 21:32，"东方之星"轮翻沉，AIS 与 GPS 信号消失。

该轮翻沉于湖北省荆州市监利县长江中游大马洲水道 3 号红浮正横，横距约 600 米，长江中游航道里程 300.8 千米处（29°42′39″N，112°55′32″E），后漂移 900 多米至长江中游大马洲水道左岸一侧，长江中游航道里程约 299.9 千米，距左岸水沫线约 130 米处（29°42′05″N，112°55′28″E）。

22 时 10 分左右，长江海事局下属岳阳海事局指挥中心接到"铜工化 666"轮报告，称该船因暴风雨抛锚时看到两个人沿江往下漂，一个穿着救生衣一个抱着救生圈，因风雨太大无法施救，特报警。

23 时 22 分，岳阳海事局指挥中心接监利海事处报告，"东方之星"号客轮可能出事，之后多次与重庆东方轮船公司和监利海事处等联系确认。23 时 40 分，岳阳海事局负责人与获救的"东方之星"轮船长通话，确认"东方之星"号客轮已遇险翻沉。

6 月 2 日 1 时许，长江干线水上搜救协调中心接报，重庆东方轮船公司所属旅游客船"东方之星"号客轮在长江湖北监利段突遇龙卷风瞬间翻沉。凌晨 5 时许，湖北省政府应急办发布消息："东方之星"号客轮上行至长江水域湖北省荆州市监利县大马洲水道 44 号过河标水域处（长江中游航道里程 299.9 千米），突遇龙卷风翻沉。事故发生后，湖北省启动突发事件一级应急响应，成立水上搜救指挥部。长江航务管理局和省、荆州市、监利县已调集力量在现场开展紧急搜救。湖北组织预备人员 580 人、武警 1000 人、公安干警 600 人、群众 1000 余人在事发江段开展巡查，全力配合水面搜救。湖南方面出动安监、消防、公安、医疗等多个部门的大量人员和装备参与救援。

6 月 2 日凌晨，武警湖北总队抽调武汉、荆州、荆门、宜昌支队共

1000 多名官兵、40 艘冲锋舟，赶赴现场展开搜救和外围警戒等任务。

2 日早上，接国家卫计委通知，湖南湘雅二医院组建紧急医疗救援队赶往事发现场。2 日上午，已有 14 艘海巡艇、8 艘航标艇、9 艘冲锋舟、2 艘长航公安艇、2 艘地方海事艇、17 艘社会船、100 艘渔船，正在事发江段开展搜救，5 艘打捞船和 20 名潜水员正赶往事发地点，荆州军分区组织 300 人赶到现场。海军从北海舰队、东海舰队、南海舰队和海军工程大学抽调潜水兵力组成 140 余人的搜救力量，携作业装备紧急赶赴湖北。为了保证救援力量及时到达，救援指挥部开辟了专用通道，对救援车辆实行快速放行。事发地附近的荆岳大桥主线收费站、白螺匝道收费站、监利收费站实施救援通道免费放行。

2 日 11 时许，搜救人员试着敲击沉船的底部，随即听到了微弱的敲击回应。11 时 30 分，第一批潜水员下水展开救援。然而，由于沉船地点江水浑浊且水流湍急，施救遇到困境。3 名潜水员与消防官兵商定，采用岸上固定、水下定点的方法进行搜救。12 时许，潜水员准备进入沉船内部的房间施救时，却发现房门被散落的杂物堵住了。为了能够尽快救出伤者，潜水员只能将房门砸开。下午，现场出现由于水压过大，搜救力量短缺的情况。各方紧急调动潜水员，到 2 日晚上，施救蛙人计划增至 183 人，分班进行搜救工作，"人歇活不歇"。2 日上午，长江防总对三峡水库进行三次调度，减少出库流量，从 17200 立方米每秒减少到 7000 立方米每秒，紧急减少水库出库流量可以减缓水位上涨趋势，为长江沉船救援创造有利环境。当日晚间，调度的影响到达事故发生地监利江段。

2 日下午，空降兵派出 3 架直升机巡视现场以及运送潜水员、物资。工信部也调集应急通信车 12 辆、应急抢修车 20 辆以及卫星电话、发电油机等应急设备，救援现场通信保障正在全力开展。

6 月 3 日，中央财政紧急拨付 1000 万元应急搜救专项经费，全力支持"东方之星"号客轮人员搜救工作。6 月 3 日凌晨，救援人员已经利用破拆工具，在船体上凿出救生洞孔，夜间已完成多次下潜搜救，从凌晨 3 时 40 分到早上 7 时现场打捞起 12 具遗体。而经过武警 27 个小时奋战,终于与晨间冒雨抢通了一条长 3 公里通往沉船事件现场的陆上"生命通道",让搜救人员和设备到达现场更加高效方便。3 日 21 时许,沉船超过 48 小时,救援人员对"东方之星"进行切割作业。据悉,救援人员将在船体底部中前部切开一个 55 厘米 × 60 厘米的长方形口子,为潜水员开辟搜救通道,以便进入舱体探查。由于要保证整个船体的安全性,不能对切割做硬性时间规定。

6 月 4 日,上海、天津、江苏、浙江、安徽、福建、山东、重庆等乘客、船员所在地公安机关以及湖南公安机关均已派出工作组赶赴现场,在公安部前方指挥部的统一领导下开展工作。上海、江苏、安徽、山东、福建、重庆 6 省市公安机关已完成对本地乘客的身份核实工作。8 时许,救援人员在"东方之星"船底切割第三个探孔,继续进行生命探测。据现场指挥救援的人员说,在船体底部切开一个探孔,就是为了探测生命,有生命迹象就立刻打开孔盖救人,没有生命迹象就马上封上。按照国际惯例,若 72 小时生命线到了,确定没有生命,再把船反过来。

6 月 5 日,沉船被整体打捞出水。该船破损严重,位于顶端的第四层受挤压变形为扁平状,船顶的桅杆、烟道等设备已经脱落,部分房间门窗已严重变形。

6 月 7 日,按照中国传统习俗,是"东方之星"号客船遇难人员的"头七"祭日。上午 9 点,沉船救援现场举行了哀悼遇难者活动,现场所有人员面向遇难船舶肃立默哀 3 分钟,现场船舶同时鸣笛 3 分钟,向遇难者致哀。

6 月 8 日下午 14 时,"东方之星"船体内已将所有房间的杂物移除,舱体通道保持通畅,舱内装修木质结构全部清除,并未发现遇难者遗体,底舱积水也排除完毕,舱体全部消毒,船体内搜救正式结束。随后,交通部长江航务管理局、轮船所属企业、湖北消防等 6 部门,联合完成对船体验收后正式实施封存。

6月10日，中国保监会召开工作会议，部署"东方之星"号客轮翻沉事件保险业理赔服务工作。保监会公布的统计数据表明，经排查统计，保险业共承保失事客船船东、相关旅行社、乘客和船员投保的各类保险340份，保险金额共计9252.08万元。其中，失事客船涉及保险金额共计1570万元，人保财险重庆分公司已就船舶一切险向重庆东方轮船公司支付了1000万元保险理赔资金；旅行社责任险涉及保险金额共计1200万元；396名乘客投保各类人身保险，身故保险金额共计6169.35万元；18名船上工作人员投保人身保险，身故保险金额共计312.73万元。

6月13日下午，国务院前方指挥部新闻中心召开"东方之星"号客轮翻沉事件第15次新闻发布会，通报搜救和善后进展。经有关方面反复核实确认，"东方之星"号客轮上共有454人，其中成功获救12人，遇难442人。关于最终确定的上船人数与此前公布的数据发生的变化，交通运输部长江航务局局长唐冠军做了说明。同时，获救者由最初公布的14人核实为12人。公安部门依法依规、科学严谨对搜寻到的遗体DNA进行了比对，已确认442具为遇难人员遗体并移交给家属，至此，全部遇难者遗体均已找到。据此，决定自即日起搜救工作结束。6月14日，据民政部门户网站消息，"东方之星"号客轮翻沉事件现场善后工作进展顺利，目前已火化遇难者遗体431具，整个遇难者遗体善后工作预计将在16日前完成。10月30日，国家安全监管总局召开党组会议，要求加快长江"6·1'东方之星'号客轮翻沉事件"调查进度，争取尽快结案。

（二）有关情况的调查分析

1. 事件发生时间

沉船打捞出水后，根据现场勘查，驾驶室石英钟时间定格在21:33，机舱石英钟时间定格在 21:32。另据生还的旅行社工作人员张辉陈述：
"约 21:23 与妻子通电话，大约通话 5 分多。通话被旅行社同事姜庚打
断，说旅客房间进了雨水，急忙通知楼层服务员帮助客人处理，接着进
到 221 房间。后来姜庚也到了 221 房间，这个时候地板向上越来越高，
有水漫进来了，从地板翘起来到船舶翻覆大约有 30 秒的时间"。经调取
张辉及其妻子通话记录查证，最后中断通话时间为 21:29:44。通过 AIS
和 GPS 轨迹查证，"东方之星"轮最后一个 AIS 信号和 GPS 信号的时
间分别为 21:31:49、21:32:02。按照船载 AIS 和 GPS 系统信号发射规
则，"东方之星"轮发出下一个 AIS 数据点和 GPS 数据点的时间分别为
21:32:19、21:32:22。AIS 和 GPS 系统的天线一旦没入水中，将无法发
出信号。通过以上物证及相关分析认为：约 21:31，为船舶向右横倾时
间；约 21:32，为船舶翻沉时间。

2. 人员逃生和获救情况

共有 12 人生还（船员 6 人，乘客 6 人），其中 7 人自游上岸、7 人
被救上岸。根据调查询问，逃生获救经过如下：船舶倾覆后，船长张顺
文在水里摸到驾驶室左舷窗户钻出水面，游到船尾抓住舵叶，随后顺流
游上左岸。上岸后，在下游方向遇到自游上岸的轮机长杨忠权、大副谭
健和程林；随后 4 人沿岸边寻找其他可能自救人员，后来遇到重庆航道
工程局施工作业船舶"鄂黄冈货 2177"，张顺文借助施工人员手机向岳
阳海事局和重庆东方轮船公司报告了船舶翻沉情况。

轮机长杨忠权事发时在机舱平台靠近左侧门处，船突然向右边倾斜
时顺手抓住附近铁架，后被进水从机舱左侧门冲出，然后爬上船底，在
船继续下沉时离船游向左岸上岸；大副谭健在该船突然向右边倾斜时摔
倒，被水流冲出水面，后游至船底，在该船继续下沉时离船游向左岸上
岸；大副程林在该轮突然向右边倾斜时，抓住雷达扶手，摸到左侧一个
窗户洞钻出水面，顺水下淌并游上左岸；客运部小卖部服务人员余正伟
到三楼甲板收衣服推开舱门时，该轮突然向右倾斜将其甩入江中，后自
游上岸；值班机工陈书涵在船舶倾斜进水时，被困于机舱，6 月 2 日被

潜水员救出。旅客吴建强在船舶向右倾斜后，用手推开窗户浮出水面，趴在船底，后自游上岸；旅客胡坚跃在船舶向右倾斜时，在三楼过道处被水流冲出舷外，抓住2个救生圈漂流，后抓住一座航标的锚链，与旅客谢龙海一起被海巡艇救助上岸；旅客谢龙海在船舶向右倾斜后，被水流冲出窗户，出水后抓住乘客胡坚跃的救生圈，后一起漂流并抓住一座航标的锚链，被海巡艇救助上岸；旅行社工作人员姜庚在船舶右舷倾斜时拿到救生衣，从窗户钻出水面，顺水下漂约两个小时，被一艘船舶救起；旅行社工作人员张辉在船舶右舷倾斜时爬出窗户，后顺水漂流至岳阳水域自行上岸；旅客朱红美在船舶翻覆后被水流冲至被服间舱室，6月2日被潜水员救出。由于事件发生于夜间，室外狂风暴雨，且船舶倾斜后顷刻翻沉，绝大部分船员、旅客都在舱室内，很难逃出。

3. 事发信息报告情况

6月1日22:10，岳阳海事局指挥中心接"铜工化666"轮报告，称在"天字1号"附近水域发现有2名落水人员；

22:12，岳阳海事局指挥中心通知监利海事处和华容海事处立即出艇救助，并联系周围施工船参与救助落水人员；

23:09，岳阳海事局向长江海事局总值班室报告人员落水险情信息；

23:22，岳阳海事局指挥中心接监利海事处报告，"东方之星"轮可能出事，之后多次与重庆东方轮船公司和监利海事处等联系确认；

23:35，岳阳海事局指挥中心负责人向岳阳海事局负责人报告，可能是"东方之星"轮发生翻沉，随后立即组织过往船舶及其他社会救助力量参与救助；

23:40，岳阳海事局负责人与获救的"东方之星"轮船长通话，确认"东方之星"轮已遇险翻沉，随即向岳阳、监利两地人民政府报告；随后，重庆东方轮船公司从岳阳海事局获悉"东方之星"轮已翻沉；

23:47，监利海事处窑监执法大队在陶市河口救起2名落水人员，确认为"东方之星"轮上的2名旅客；

23:54，岳阳海事局向长江海事局报告"东方之星"轮翻沉；

6月2日00:10，"东方之星"轮船长张顺文向重庆东方轮船公司值班员报告船舶翻沉，该公司随后启动了应急预案，并向万州区人民政府报告；

00:45，长江海事局将事件信息上报长江航务管理局；

00:55，长江海事局将事件信息上报湖北省人民政府值班室；

01:00，长江海事局将事件信息上报中国海上搜救中心；

01:15，中国海上搜救中心将事件信息电话报告交通运输部和国务院总值班室。

4."东方之星"轮周围船舶动态情况

"东方之星"轮在大马洲水域共与五艘船舶会过船。

（1）"长航江宁"轮：该轮为滚装船，装载682辆汽车，自武汉上行开往重庆。

21:03，"长航江宁"轮航行至"天字一号"附近水域（长江中游航道里程约299千米），船长发现闪电打雷，进入驾驶室，在雷达屏上发现前方约1500米处显示雨的杂波，于是命令当班二副慢车，航速由16千米/小时开始下降。

21:07，"东方之星"轮与"长航江宁"轮联系，"长航江宁"轮（航速10千米/小时）告诉其本船已慢车，准备在前面稳船观察天气，如天气不好就在前面红浮处抛锚。

21:15，"东方之星"轮（航速14千米/小时）告诉"长航江宁"轮（航速约7.0千米/小时）拟从其右舷驶过。

21:20，"东方之星"轮（航速13.5千米/小时）在大马洲水道3号红浮附近（长江中游航道里程约301千米）从"长航江宁"轮（航速3千米/小时）右舷驶过。随后，"长航江宁"轮受风影响，开始向江心偏移。

21:21至21:28，受强风影响，"长航江宁"轮在大马洲水道3号红浮正横300米附近水域用车用舵顶风，船舶前后左右移动。其中21:24

至 21:28，"长航江宁"轮向右后方后退，后退方向与"东方之星"轮相同时段的后退方向一致。

21:29 至 21:31，"长航江宁"轮船长加车至双车进三顶风（实际输出功率为 1100 千瓦，该轮全速为四档），船位向其左后方缓慢移动。

21:32，下击暴流开始减弱，船舶逐渐驶向右岸一侧。

21:39，在大马洲 3、4 号红浮连线处抛锚。

（2）"翔渝 9 号"货船：该船载货 3700 吨，自重庆丰都下行开往武汉。21:23，当船舶行驶至大马洲 4 号红浮时，当班二副发现天气不好，便通知船长进入驾驶台；21:24，该船与"东方之星"轮右舷会过；21:26 与"长航江宁"轮右舷会过；21:40，在"长航江宁"轮下游约500 米处抛锚。

（3）"港盛 1010"货轮：该船装载 4120 吨矿石，自重庆涪陵下行开往江苏泰州。约 21:18 与"东方之星"轮在大马洲 3 号红浮右舷会过。约 21:25，船舶行驶至大马洲 2 号红浮时，当班大副感觉天气非常恶劣，便通知船长上驾驶台，此时雷达无法正常显示。后约于 22:40 在韩家洲抛锚停泊，距"东方之星"轮翻沉地点下游约 10 千米。

（4）"东怡 99"货船：该船装载电石渣 1400 吨，自湖北枝城下行开往湖北汉川。约 21:21，与"东方之星"轮在大马洲 3 号红浮附近右舷会过；约 21:25，当班大副看到外面下暴雨，便通知船长上驾驶台；后约于 22 时在洪水港附近抛锚，距"东方之星"轮翻沉地点下游约 10 千米。

（5）"铜工化 666"液货船：该船空载，自湖北宜都下行开往安徽铜陵。约 21:22，当班船长驾驶船舶与"东方之星"轮在大马洲 3 号红浮附近右舷会过；后约于 21:40 在"东方之星"轮翻沉地点下游约 5 千米的大马洲左岸附近抛锚。

5. "东方之星"轮与附近船舶的对比情况

21:00 至 22:00，上行的"长航江宁"轮、"东方之星"轮，下行的"翔渝 9 号"轮航经大马洲水道时，均突遇暴风雨袭击。由于各船舶排水量、吃水、上层建筑形式、风压稳性衡准数等方面的差异，在江里所处区域位置不同，导致了不同的结果。"长航江宁"轮在减速准备锚泊前突遇强风暴雨并受到较大的影响，船长采取了稳船操作措施，也有受强风暴雨作用出现下漂、后退的航迹，船位一直在附近水域上下游弋；但其受风面为贯穿通透式，实际排水量是"东方之星"轮的 3.3 倍，吃水比"东方之星"轮深 0.49 米。"长航江宁"轮的核定航区为 A 级，在 B 级航区遭受 33.35 米/秒（12 级）横风时，丧失稳性，而"东方之星"轮的核定航区为 B 级，在遭受 21.52 米/秒（9 级）横风时，即丧失稳性。"翔渝 9 号"轮为重载下行船，航速快，且为右侧船尾来风，受风面积小，加之实际排水量是"东方之星"轮的 5.2 倍，吃水比"东方之星"轮深 1.94米，风压稳性衡准数超过 20，船舶抗风能力远远超过"东方之星"轮。

6. 船员求救与警报情况

船长对遭遇的极端恶劣天气及其风险认知不足，未向外发出求救信息，未向全船发出警报，也没有组织弃船及疏散旅客等措施。

二、案例分析

1. 客轮翻沉事件原因和相关情况

经调查认定，"东方之星"轮翻沉事件是一起由突发罕见的强对流天气（飑线伴有下击暴流）带来的强风暴雨袭击导致的特别重大灾难性事件。"东方之星"轮航行至长江中游大马洲水道时突遇飑线天气系统，该系统伴有下击暴流、短时强降雨等局地性、突发性强对流天气。受下击暴流袭击，风雨强度陡增，瞬时极大风力达 12—13 级，1 小时降雨量达 94.4 毫米。船长虽采取了稳船抗风措施，但在强风暴雨作用下，船舶持续后退，船舶处于失控状态，船艏向右下风偏转，风舷角和风压倾侧力矩逐步增大（船舶最大风压倾侧力矩达到船舶极限抗风能力的 2倍以上），船舶倾斜进水并在一分多钟内倾覆。

调查组还查明,"东方之星"轮抗风压倾覆能力不足以抵抗所遭遇的极端恶劣天气。该轮建成后,历经三次改建、改造和技术变更,风压稳性衡准数逐次下降,虽然符合规范要求,但基于"东方之星"轮的实际状况,经试验和计算,该轮遭遇21.5米/秒(9级)以上横风时,或在32米/秒瞬时风(11级以上),风舷角大于21.1°、小于156.6°时就会倾覆。事发时该轮所处的环境及其态势正在此危险范围内。船长及当班大副对极端恶劣天气及其风险认知不足,在紧急状态下应对不力。船长在船舶失控倾覆过程中,未向外发出求救信息并向全船发出警报。

2. 日常管理存在问题

调查组在对事件从严、延伸调查中,也检查出相关企业、行业管理部门、地方党委政府及有关部门在日常管理和监督检查中存在以下主要问题:

一是重庆东方轮船公司管理制度不健全、执行不到位。违规擅自对"东方之星"轮的压载舱、调载舱进行变更,未向万州区船舶检验机构申请检验;安全培训考核工作弄虚作假,对客船船员在恶劣天气情况下应对操作培训缺失,对船长、大副等高级船员的培训不实,新聘转岗人员的考核流于形式;日常安全检查不认真,对船舶机舱门等相关设施未按规定设置风雨密关闭装置、床铺未固定等问题排查治理不到位;船舶日常维护保养管理工作混乱;未建立船舶监控管理制度、未配备专职的监控人员,监控平台形同虚设,对所属客轮未有效实施动态跟踪监控,未能及时发现"东方之星"轮翻沉。

二是重庆市有关管理部门及地方党委政府监督管理不到位。重庆市港口航务管理局(重庆市船舶检验局)、万州区港口航务管理局(万州船舶检验局)未严格按照要求进行船舶检验,未发现重庆东方轮船公司违规擅自对船舶压载舱和调载舱进行变更,机舱门等相关设施未按规定设置风雨密关闭装置、床铺未固定等问题;对船舶检验机构日常管理不规范,对验船师管理不到位;对公司水路运输许可证初审把关不严,对公司存在的安全生产管理制度不健全、执行不到位、船员培训考核不落实等问题监督检查不力。万州区交通委对万州区港口航务管理局安全监督管理工作指导和监督不到位；万州区国资委未认真落实"一岗双责"，对公司未严格开展安全监督检查，对公司存在的培训考核弄虚作假、安全管理制度不健全等问题督促检查不到位。万州区委区政府对万州区交通委等相关部门的安全生产督促检查不到位，对辖区水上交通安全工作指导不力。

三是交通运输部长江航务管理局和长江海事局及下属海事机构对长江干线航运安全监管执法不到位。长江航务管理局未有效落实航运行政主管部门职责，办理水路运输许可证工作制度不健全，审查发放水路运输证照把关不严；长江海事局、重庆海事局、万州海事处对重庆东方轮船公司安全管理体系审核把关不严，未认真履行对航运企业日常安全监管职责，日常检查中未发现企业和船舶存在的安全隐患和管理漏洞等问题。岳阳海事局未严格落实交通运输部、长江海事局对客轮跟踪监控的要求，未建立跟踪监控制度，值班监控人员未认真履行职责，对辖区内"东方之星"轮实施跟踪监控不力，未及时掌握客轮动态和发现客轮翻沉。

三、启示借鉴

"东方之星"号客轮翻沉事件教训深刻，警示我们要牢固树立安全发展观念，健全完善相关法制体制机制，编织全方位、立体化的公共安全网，进一步加强长江等内河航运安全工作，主要启示如下。

（一）进一步严格恶劣天气条件下长江旅游客船禁限航措施交通运输部门要及时发布并严格实施长江旅游客船恶劣天气条件下禁限航规定，遇以下情况船舶不得开航或要采取其他有效避险措施：一是气象部门预报或船舶发现出发港有7级以上（含7级）或超过船舶抗风等级的大风，船舶必须采取有效避、抗风措施，船舶不得开航；二是气象部门预报船舶途经水域有 7 级以上（含 7 级）大风或超过船舶抗风等级的大风，船舶必须采取提前停航等避风措施；三是船舶出发港能见度不足1000 米时，船舶禁止进出港口；船舶航行途中下行能见度不足 1500 米或上行能见度不足 1000 米时，船舶必须尽快择地抛锚停航。

（二）提高船舶检验技术规范要求，完善船舶设计、建造和改造的质量控制体制机制。交通运输部门要研究完善内河船舶检验技术规范，提高内河客船抗风能力等安全性能。对涉及船舶稳性和尺度的改建、改造应当严格控制和审批。研究提高船舶检测检验机构准入门槛。工业信息化等主管部门应建立健全船舶设计能力评估和规范机制，完善船舶建造企业生产条件规范体系，推进企业船舶设计、建造能力水平的动态评估制度，进一步提高船舶设计、建造企业规范化水平。

（三）进一步加强长江航运恶劣天气风险预警能力建设。气象部门要针对中小尺度强对流天气强度大、突发性强、致灾重等特点，进一步加大科研投入，加强监测预警方法研究，提高监测预警能力。为适应长江航运安全保障需求，进一步加强长江沿岸天气雷达、自动气象观测站网建设，并加强船舶自动气象探测系统建设，提高恶劣天气预测预警能力。完善气象部门与海事部门信息快速共享机制，强化短时临近预警信息的快速发布，健全长江水上交通安全广播电台甚高频气象广播、手机短信等多种接收方式，确保海事监管机构和航行船舶及时地准确获取灾害性天气预报预警信息。制定《气象灾害防御法》，进一步提高全社会防御气象灾害的能力。

（四）加强内河航运安全信息化动态监管和应急救援能力建设。交通运输部门要进一步健全完善水上交通动态监控相关措施，大力推进AIS、VTS 等水上交通管理动态监控系统建设和应用，充分发挥信息技术在提高安全防范和应急反应能力方面的重要作用。建立重点客运船舶动态监控系统，合理安排值班人员，加强重点船舶、重点水道、极端天气值班值守。地方政府和交通运输部门要进一步加强长江应急救援体系建设，加大投入，增加设置长江搜救站点，强化救援队伍建设，配备结构合理、性能高效的救援装备，提高应急反应能力，做到及时发现，快速反应，科学施救，保障有力。

（五）深入开展长江航运安全专项整治。交通运输部门要进一步严格航运尤其是客运市场准入，加强客船运输经营人资质动态跟踪管理，严格经营资质年度考核和不定期资质现场抽查，强化对水运经营人和客船进入市场后的监管。加快内河老旧客船升级换代，优化客船运力结构，提高客船安全性。进一步加强长江等内河航行安全管理，严禁旅游客船在恶劣天气条件下航行，加大现场监督执法力度，及时发现并纠正船舶违法违章行为。

（六）严格落实企业主体责任，全面加强长江旅游客运公司安全管理。长江旅游客运公司要按照《安全生产法》和水上交通管理的法律法规及规章制度，严格实施公司安全管理体系，健全企业安全生产责任体系，全面落实企业主体责任；建立健全本公司船舶限航、停航、抛锚及预警的制度规定；加强企业员工尤其是船员的培训考核，针对不同船舶、不同航线、不同险情，定期组织针对性船岸应急演练，不断提高船舶和岸上应急反应能力；利用企业 CCTV、GPS、AIS 等手段，对公司所属旅游客船进行 24 小时不间断监控，加强船舶驾驶台资源管理，强化船舶航行动态管理，确保及时发现和解决船舶航行中存在的问题。

（七）加大内河船员安全技能培训力度，提高安全操作能力和应对突发事件的能力。交通运输部门商有关部门统筹规划航海院校和培训机构的培训教育工作，完善内河船员职业培训教育和船员考试基础设施建设，提高客运船舶船员考核培训标准。教育、人力资源和社会保障部门要在船员教育培训和社会保障等方面出台优惠政策，提升内河船员职业吸引力，提高内河船员特别是船长等高级船员整体素质和业务能力。

（八）加快建立新型专业队伍。从此次"东方之星"号客轮沉船事故的救援，深切地感受到心理防护工作已经处于非常突出、重要的位置。救援工作中组织了由专业医师构成的心理干预小组，同时还组织了大量人员为遇难者家属提供"一对一"结对子帮扶，为他们提供物质和精神上的帮助，极大地稳定了遇难家属的情绪，消除了负面影响。由此可见，当今的应急救援工作不仅需要传统的救援队伍，心理防护等新型专业救援队伍的作用亦不可小觑。我们要充分认识到心理防护、信息防护、引偏诱爆等新型专业队伍的重要性。虽然近几年来，传统人防专业队伍的建设有了长足的提高，但在新型专业队伍建设上还有些停滞不前。对于新型专业队伍，大部分地区还缺乏完整的组织体系，没有真正地建立起来并形成战斗力。因此，在加强传统专业队伍建设的基础上，必须拿出具体措施加快建立健全新型专业队伍。

参考文献

1.《对人民高度负责——"东方之星"号客轮翻沉事件救援行动综述》，《中国应急管理》2015 年 6 月。

2.《东方之星客轮翻沉事故调查报告》，http：//news. sina. com. cn/c/2015-12-30/181432681495. shtml。

3. 张勋翔：《沉船之殇人防之鉴——"东方之星"客轮翻沉事件的警示与启示》，《生命与灾害》2015 年 8 月。

（黄颖　编写）

浙江温岭鞋厂倒塌事件

2015 年 7 月 4 日，浙江省温岭市大溪镇佛陇村的温岭市捷宇鞋材有限公司的厂房发生倒塌，当时，共有 51 名工人正在作业。房屋坍塌面积约 2000 平方米，事故共造成 14 人死亡、33 人受伤，直接经济损失 1100 余万元。

一、案例始末

1. 事故发生

7 月 4 日下午 4 点多，多位温岭市大溪镇佛陇村村民反映，他们都曾听到外面传来一阵巨响。顺着巨响传来的方向，他们发现位于村中的"捷宇鞋厂"整幢楼突然坍塌，距离厂房十多米的地方，扬起的灰尘几乎将厂房淹没。

此时，村民徐先生刚好接女儿回家，所幸离厂房较远。徐先生说，等灰尘稍稍散去后，他看到里面还有火光。接着，他看到原先这幢 4 层楼高的厂房成了废墟，四周全是砖石碎片，只看得清剩下一楼的部分结构。"有几个人浑身是灰，从废墟里跑出来，样子很惊慌。"徐先生说。

7月4日16时8分,温岭110指挥中心接到报警,位于大溪镇佛陇村的温岭市捷宇鞋材有限公司发生房屋倒塌事故。

事故发生后,腾辉鞋厂一些员工用灭火器进行扑救和开展互救,成型车间部分员工从坍塌建筑物的缝隙中逃生,另有24人被埋压,事故也造成在西楼2层和南楼5层作业的捷宇公司5名员工受伤。

2. 现场救援

除了少数工人幸运逃生自救外,大部分被埋工人还是靠救援人员赶到后才救出来的。

坍塌发生后,台州、温岭市委、市政府高度重视,台州市、温岭市主要领导第一时间赶赴现场指挥救援,公安、消防、卫计、大溪镇等相关单位全力开展抢救等相关工作。

相关部门根据现场情况,立即组织成立了现场指挥部,由温岭市市委书记徐淼任总指挥,下设现场救援组、秩序维护组、医疗抢救组、舆论宣传组、后勤保障组和人员核实组6个工作组,每个工作组都由1名以上市委常委、市政府领导负责,分头做好处置工作。

温岭消防大队立即调派温岭消防中队、城东消防中队8车30人及大溪、泽国等7支专职消防队17车52人赶赴现场救援。

台州市消防支队接到温岭消防大队增援请求后,立即调派椒江、黄岩、路桥等9个消防中队、战勤保障大队和滨海、海正专职消防队共15车138人赶赴现场,救援现场共有40辆消防车220名消防队员参与救援。

省消防总队除调派当地消防力量外,还紧急调集温州消防支队6车34人、宁波消防支队7车42人和搜救犬队6名队员、5条搜救犬增援。

杭州消防特勤大队搜救犬队也从余杭的训练基地出发,紧急赶往温岭厂房坍塌现场救援。队长蒋国联说,他们一共出动了5名消防战士和5条专业搜救犬,这5条犬全都参加过2014年宁波奉化塌楼的现场搜救。

救援人员赶到事故现场后，首先将已安全逃生的 23 名伤员及时送往医院进行救治，并立即开展对被埋压人员的科学施救。在救援过程中，消防救援人员利用雷达、音频、视频生命探测仪、搜救犬等设备以及喊话等方式对坍塌区域进行反复侦测，确定被埋压人员准确位置，并采用人工与机械相结合的方式逐步扩大作业空间，打开多条救生通道，先后搜救出 10 名被困受伤人员，搜寻出 14 具遇难者遗体。至 7 月 6 日下午 3 时 30 分，经对事故现场进行反复清理搜索，确认再无被困和遇难人员，整个救援行动基本结束。

3. 医院救治

救援人员将工人救出后，立即送往温岭各家医院救治。温岭市第一人民医院是收治病人较多的一家医院。

7 月 4 日晚 22 点 10 分，温岭第一人民医院的急诊室灯火通明，医生护士忙碌地奔波在病人之间，不少家属在通道上等待着，陆续有人从大门口奔进来，焦急地四处张望。除了急诊室，医院各科室的医生和护士都在待命中。事发后，台州恩泽医疗中心（集团）的多名专家，尤其是骨科专家也迅速赶往医院参与救治。

33 名伤员中，有 14 名收治在温岭市第一人民医院，其中 3 人伤势较重，包括 1 人双下肢严重挤压伤，可能截瘫，尚在抢救中。有 17 名伤员收治在温岭市东方医院，除 1 人伤势有点重外，其他都是擦伤、骨折，伤势比较轻。有 2 名伤员收治在温岭中医院，情况也不严重。

温岭第一人民医院副院长郑志坚表示，医院启动了应急预案，对 14 位患者，每位患者都配有一个诊疗组，诊疗组由一个医生、一个护士和一个护工组成。危重的病人主要是双下肢严重的挤压伤。

7 月 6 日上午，温岭市政府新闻办通报称，6 日上午 8 时 49 分，救援现场又搜救出一人，已无生命体征，截至目前，遇难人数已达 13 人，另外还有 1 人失联。搜救和排查工作仍在紧张进行中。

4. 后续发展

7月7日，国务院安委会根据《重大事故查处挂牌督办办法》（安委〔2010〕6号）的有关规定，对该起重大事故实行挂牌督办。当日，浙江省紧急部署开展村级集体留用地建筑生产经营用房安全专项检查，对全省各地未按法定基本建设程序建设的企业生产经营用房，以及出租厂房、大型市场等涉及多租赁户主体或单位的建筑物进行全面整治，坚决杜绝类似事故再次发生。

7月22日，省政府召开省安委会全体成员（扩大）会议暨重点行业领域事故隐患排查整治专项行动电视电话会议，袁家军常务副省长专门就吸取温岭"7·4"事故教训，深入推进重点行业领域事故隐患排查整治专项行动提出了具体要求。

5. 相关问责

10月27日，浙江省安监局发布了《温岭市捷宇鞋材有限公司"7·4"厂房坍塌重大事故调查报告》，事故定性为"重大的生产安全责任事故"，该报告同时公布了22名涉事官员的处分。

最终，调查组认为，这是一起重大的生产安全责任事故。调查组建议，对捷宇公司法人代表，非法占地、违法建设和使用厂房的实际决策人徐福林，大溪镇佛陇村党支部书记戴声彩追究刑事责任。对其他涉嫌犯罪的问题，由司法机关依法独立开展调查。

同时，温岭市委、市政府及相关部门，大溪镇党委、政府及相关部门，佛陇村村干部等22人被给予党纪或政纪处分。其中，温岭市委书记徐淼被省委组织部诫勉谈话。浙江省委决定提议温岭市市长李斌不再担任市长职务，温岭市人大常委会已决定接受李斌辞去温岭市市长职务，决定对其进行诫勉谈话，并责成其作出深刻检查。温岭市副市长张文洋被免职，给予党内严重警告、行政降级处分。大溪镇党委书记徐云辉被免职，被给予撤销党内职务处分。大溪镇原党委书记陈敏华、原镇长陈海亮被免去现有职务。

二、案例分析

浙江温岭鞋厂倒塌事件发生之后，媒体对这一事件进行了报道和评论。相关评论主要集中在以下两方面。

（一）公布死伤情况摆乌龙

7月4号16时许，浙江温岭市大溪镇发生鞋厂厂房倒塌事故。7月5日上午9点40分左右，据温岭市政府新闻发言人李海兵介绍，共有员工51人，现场安全逃生9人。经奋力救援，截至7月5日7时，救出并送医院救治42人，其中9人经抢救无效死亡，其余33人中，4人伤势较重，29人为轻伤和轻微伤。但到下午1点52分，温岭官方突然发布消息称，在受伤人员中发现5人并非腾辉公司员工，也就是意味着仍然有5人失联。事故现场搜救再次启动。随后，又有3名遇难人员遗体被发现。死亡人数上升为12人。

一天之内，温岭官方发布两个自相矛盾的消息，在公布死伤的具体情况方面出现了自摆乌龙的状况。

（二）违章建筑为什么没拆除

对温岭鞋厂来说，这样惨烈的事故并非第一次发生。2014年1月14号，温岭城北街道台州大东鞋业有限公司发生火灾，共造成16人死亡。事故发生后，温岭市对制鞋业开展了大规模整治，拆除违章建筑是整治的重点。据当地干部介绍，当时经排查，这家公司的这幢厂房属违章建筑，在被拆除之列，原定于 2015 年 8 月之前全部拆迁。倒塌的建筑系 4 层砖混结构，虽然已经启用多年，但相关手续仍不完备。温岭市大溪镇相关负责人此前表示，5 月份消防部门和镇里一起检查，发现了消防安全隐患，并要求企业针对隐患进行整改。

事实上，该厂房多年前已被认定为违法建筑。2011 年 10 月，温岭市国土资源监察大队在日常执法巡查中发现捷宇公司非法占地用于建设、佛陇村经济合作社非法出租村集体土地等行为。随后 3 年多时间内，温岭市国土、公安、行政执法等部门和大溪镇政府多次组织拆除未果，温岭市法院"准予强拆"的行政裁定也未得到落实。

对这起事故的直接原因，调查组认为，是因厂房楼屋面荷载过大，钢结构承载力不足，致使房屋结构体系失稳造成厂房坍塌。间接原因包括，捷宇公司非法占用土地，违法建设厂房，直接组织劳务人员违规施工，未经荷载计算擅自在屋顶建造水池用于蓄水，擅自将存在严重建筑质量安全问题的厂房投入生产和出租用于生产，导致增加建筑荷载等。

三、启示借鉴

每一起事故的背后，都隐藏着麻痹大意和侥幸心理。浙江温岭鞋厂发生厂房倒塌，损失惨重，令人震惊。这一事故的背后，是一起人为的安全责任事故。

2015 年 7 月 27 日，浙江省安监局发布了《温岭市捷宇鞋材有限公司"7·4"厂房坍塌重大事故调查报告》（以下简称《调查报告》），将其定性为"重大的生产安全责任事故"，直接原因系厂房楼屋面荷载过大，钢结构承载力不足，致使房屋结构体系失稳造成厂房坍塌。《调查报告》认定这是"一起重大的生产安全责任事故"，同时认定事故的直接原因是：厂房楼屋面荷载过大，钢结构承载力不足，致使房屋结构体系失稳造成厂房坍塌。

（一）企业生产安全时刻不可放松

劳动密集型企业聚集区，往往都是租金相对低廉、建筑质量相对薄弱的地区，也是生产安全事故高发区。2014年1月，距此次倒塌事故发生地不远的温岭城北街道一家鞋厂发生火灾事故，就曾导致16人死亡。"1·14"重大火灾事故认定系电器线路故障引起的一起重大责任事故，间接原因是监管不力、放纵违章造成的。记得2014年温岭鞋厂"1·14"重大火灾事故，包括温岭市市长在内的15名相关责任人被给予党纪或政纪处分，鞋厂法人代表及股东2人被追究刑事责任。教训之深，令人警醒。事故调查组建议温岭市吸取事故教训，搞好安全生产教育，开展安全隐患整治，落实安全生产责任，构筑安全监管网络，落实事故防控措施，以防范类似事故再发生。可是，时隔一年多，在同一个地区、同一个行业一鞋厂又发生房屋倒塌事故，怎能不让人疑虑重重？

《调查报告》把"7·4"事故的间接原因分为五方面，其中，第一方面是捷宇公司未按规定办理规划建设审批和用地审批手续，未取得《村镇规划建设许可证》，非法占用土地，违法建设厂房，未经工程勘察设计，未聘请具备相应资质的施工单位，而是直接组织劳务人员违规施工，未经荷载计算擅自在屋顶建造水池用于蓄水，擅自将存在严重建筑质量安全问题的厂房投入生产和出租用于生产，导致增加建筑荷载。

温岭市捷宇鞋材有限公司是坍塌厂房的所有方和出租方，系私营企业，法人代表叫徐福林，温岭市腾辉鞋业有限公司是厂房租赁方，也属于私营企业，法人代表为谢烈辉。

2009年12月25日，大溪镇佛陇村经济合作社法人代表戴声彩与捷宇公司法人代表徐福林签订了《佛陇村中段工业区土地承包合同》，将土地使用权租给捷宇公司，年租金250030元，租期20年。

签署了土地租用协议后，徐福林个人出资找无任何施工资质的社会人员，也未签订任何书面施工协议，以包清工的方式进行厂房建设。其中，厂房第 2 层及以下部分于 2009 年动工，2010 年底完成；第 3 层及以上部分于 2011 年 9 月动工，2012 年完成。

在厂房建设工程开工前，佛陇村经济合作社和捷宇公司均未按照《浙江省村镇规划建设管理条例》的规定办理厂房建设的规划建设审批和用地审批手续，未取得《村镇规划建设许可证》。

在建设过程中，所有厂房建筑是由徐福林个人确定建筑结构方案，自行组织人员进行施工；同时，在厂房开工建设至建成后数年间，佛陇村村委会从未对捷宇公司的违法建设行为进行过劝阻和制止，也从未向上级政府和有关部门报告。

"7·4"事故惨痛的结果警示我们：安全是一，其他都是零，生产安全之弦须臾不可松。在保障生产安全方面，企业管理者不能有丝毫的侥幸心理。有不少企业老板，即使面对看得见的安全隐患，也总觉得自己不会那么倒霉，还能再拖一拖、撑一撑，结果往往捡了芝麻丢了西瓜。2014 年温岭火灾事故后，此次倒塌的厂房已被认定为必须拆除的违法建设，如果鞋厂能及时搬离，倒塌事故完全可以避免。

可以说，不少企业的法人代表根本不懂什么是唯物辩证法，他们根本不站在员工的立场上考虑和解决实际工作中存在的安全隐患，他们只知道能不花的钱坚决不花。不少达标企业满足于"三级达标"，始终原地踏步，不愿意持续改进，总觉得"证书"在手安全无忧。这种漠视安全、自欺欺人的做法无异于"掩耳盗铃"，是安全生产的最大隐患，最终只能是害己又害人，切不可掉以轻心。

"一地出事故，全国受警示。"其他地方的企业，应该从温岭事故中吸取教训。太平日子里常怀忧患意识，把问题想得多一些，预案备得足一些，发生事故的概率会小很多。尤其劳动密集型行业，时刻绷紧生产安全之弦，把生产安全摆到更突出位置，才能牢牢筑起生命防线，避免不必要的人员和财产损失。

（二）监管部门要加强管理

《调查报告》也从监管部门的角度，分析了"7·4"事故的间接原因：

1. 温岭市大溪镇佛陇村经济合作社违法出租土地、以租代管放纵违法建设，未对出租的地块依法办理相关行政审批手续，未履行出租方管理职责，对捷宇公司违法建设行为没有及时予以劝阻并向上级政府和有关部门报告。

2. 温岭市大溪镇党委、政府未认真履行属地监管职责，对辖区内长期存在的非法用地、非法建设行为打击不力，"三改一拆"工作落实不到位。审核把关不严，违反省"三改一拆"有关规定，未按规定程序对暂缓拆除的对象进行审核把关，致使必须拆除的违建厂房仍继续使用。在未对事故厂房建筑合法性进行核查的情况下，为厂房承租方出具生产场所建筑合法性证明用于企业变更生产场所，致使事故厂房违法建筑用于生产。

3. 温岭市国土资源局对捷宇公司非法用地的处罚决定执行不力，在法院裁定准予强制执行后，未采取有效措施予以落实。

4. 温岭市委、市政府和相关职能部门"三改一拆"工作不彻底，对辖区内存在的大量违法占地和违法建设行为查处不到位，对部分区域产业转型升级工作督促、指导不到位。

因此，"7·4"事故该反思的不仅是企业，监管部门也要时刻绷紧生产安全之弦的意识。每次事故发生之后，监管部门都会开展一场运动式排查和整治。这种"亡羊补牢"固然值得肯定，但如果能做到"防患于未然"更好。既然监管部门很清楚哪些地方是事故高发区，就应该将关口前移，在平时就把安全工作抓实抓细抓好。

2014年温岭"1·14"事故之后，监管部门的工作，在有些方面、有些地方似乎没有落到实地。或许有人会说，2014年"1·14"事故和2015年"7·4"事故又不是同一类别的事故，二者扯得上吗？众所周知，吸取事故教训重在举一反三，不得不再问，温岭鞋厂"1·14"重大火灾事故后，温岭市制鞋行业组织开展安全检查了没有？查了多少家企业？查出了哪些问题和隐患？问题和隐患整改了没有？政府组织督查了没有？再说，有的时候、有的工作别以为做了，就做好了、做到位了。当然，我们绝不怀疑"大检查"过后所通报的各种数据，关键是面对这一串串数据，各级政府、部门和企业在安全问题上是否真的如释重负、心安理得？其实，最根本的是要看有没有切实做到真重视、真检查、真整改。

可以说，每一起安全事故发生之后，上级都统一部署了拉网式安全大排查工作。但是实际效果并不明显。原因是，没有几个企业和单位能够积极主动地开展安全隐患排查工作，完全要靠监管部门"登门拜访"，而企业对于检查发现的问题总是在应付，总是不想花一分钱进行彻底整改。而且，私营企业老板还要托人讲情，让监管部门高抬贵手。

习近平总书记十分重视安全生产工作，他指出：人命关天，发展绝不能以牺牲人的生命为代价，这必须作为一条不可逾越的红线。要始终把人民生命安全放在首位，以对党和人民高度负责的精神，完善制度、强化责任、加强管理、严格监管，把安全生产责任制落到实处，切实防范重特大安全生产事故的发生。但是，有些地方的监管部门工作软弱涣散，没有强有力的监管措施和依法严惩的惩罚力度，在监管工作中总是让问题企业拽着监管者的"牛鼻子走"。所以，许多问题企业的问题始终未能得到依法整改，反而使问题和不安全隐患越来越多；所以，某些安全责任事故的发生并不属于偶然现象，而是一种人为因素的必然。

毋庸置疑，各地区、各部门和企业对安全生产的"家底"都"心知肚明"，关键是要看各级党委政府尤其是一把手对安全生产工作的认识是否到位、责任体系是否完善、监管执法是否有力、隐患排查治理是否到位。近年来，国家安全监管总局着力推进隐患排查体系建设和企业标准化创建工作，根本目的是夯实基层基础，提升企业本质安全条件，有效遏制重特大事故发生，确保安全生产形势持续稳定好转。然而，在一些地区、部门和企业将隐患排查的数据线"一连了之"，总觉得只要"连上了"工作就到位了、就安全了，无视隐患的存在，致使事故多发频发。

因此，对于安全生产的监管工作来说，只有依法加大执法力度，才能使生产经营者敬畏自己的责任与义务；只有依法对监管者加大问责力度，才能使监管者不敢怠慢自己监管的责任与义务。各级地方政府应当广泛发动和依靠广大人民群众，要依法布下天罗地网，将所有违法犯罪者一网打尽。只有让法人代表和监管者时刻受到法律责任追究，才能真正确保安全生产万无一失，才能真正把"安全第一，预防为主"的安全生产方针贯彻落实到具体的行动上，而不是流于形式的标语和口号。

参考文献

1. 百度百科：《浙江鞋厂倒塌事故》。

2.《温岭倒塌鞋厂已致 14 人死亡　系违章建筑涉事负责人被控制》，中国广播网，2015 年 7 月 8 日。

3. 汤嘉琛：《温岭待拆鞋厂倒塌是谁的悲剧》，《京华时报》2015 年 7 月 8 日。

4. 何林：《温岭鞋厂坍塌致 14 死 33 伤续：公司负责人被公诉》，《现代金报》2016 年 3 月 19 日。

5. 吴佳蔚、屈霞：《"7·4"温岭鞋厂坍塌事故调查结果公布 22 名官员被处分》，浙江在线，2015 年 10 月 28 日。

6. 郭喜林：《浙江鞋厂倒塌事故　心存侥幸是毒瘤》，东北新闻网，2015 年 7 月 6 日。

7. 张向阳：《温岭鞋厂又倒塌，怎能不让人疑虑重重?》，中国安全生产网，2015 年 7 月 7 日。

8. 颜玲佳：《楼面荷载过大是事故直接原因》，《台州日报》2015 年 10 月 29 日。

（林存华　编写）

渣土围城之殇——深圳光明新区"12·20"堆土滑坡事故

2015 年 12 月 20 日 11 时 40 分，广东省深圳市光明新区凤凰社区恒泰裕工业园发生山体滑坡。经核查，此次灾害滑坡覆盖面积约 38 万平方米，造成 33 栋建筑物被掩埋或不同程度受损，77 人失联。

一、案例背景

从一个贫穷落后的小渔村，发展为我国南部综合经济实力、技术创新能力、国际竞争力最强的现代化大都市。深圳的巨变，是我国改革开放 30 年伟大成就的一个缩影。正如时任广东省委副书记、深圳市委书记马兴瑞所介绍的，2015 年深圳经济运行呈现"速度稳、质量好、创新强、结构优"的态势，全市生产总值 17500 亿元人民币（下文不特指美元和港元的，均指人民币）左右，增长 8.9% 左右；一般公共预算收入 2727 亿元，增长 31%；固定资产投资增长 21%，创 17 年来新高。财政盈余 1000 亿。

经济飞速发展的背后是大规模的城市开发建设。根据广东省国土资源厅 2014 年公布的数据，深圳市的城市开发强度，即区域内建设用地占该区域土地总面积的比例，达到了47%，位居全省第一，远超30%的生态宜居警戒线，也超过了香港的两倍。省国土资源厅总工程师杨林安曾对此作出解释："开发强度接近50%是个什么概念？也就是说，深圳每2平方米，就有1平方米是水泥地。根据国际标准，开发强度超过30%就不宜居了。"大规模的城市开发建设，使得深圳市每年产生的建筑废弃物（俗称余泥渣土）规模迅速增长，每年超过3000万立方米。不过，在2000年以前，由于建设项目数量相对较少、项目规模小，待建地和低洼地广泛分布，深圳产生的余泥渣土完全可以在不同的建设项目间自行消化，主要用于工地"三通一平"中的土地平整、滨海地带大型工程的填海造地两个方面，实现了社会自发的余泥渣土排放平衡。例如，当时的盐田港、大铲湾、滨海大道等建设项目，均解决了一些其他大型项目的土石方外排问题。政府部门完全不需要择址建设渣土受纳场，仅仅需要对渣土撒漏、违法倾倒进行管理。2001年至2005年，由于待建地逐步减少、低洼地带基本填平，盐田港、大铲港、滨海大道等大型填海工程也基本完成，不再需要土方，而国家也开始严格管制填海行为，原本由社会自发实现的余泥渣土排放平衡在这一阶段被打破。深圳市的余泥渣土处理压力初现。为确保建设项目的顺利开展，由政府部门建设的渣土受纳场开始出现。当时主要有龙岗中心城（50万立方米）、塘朗山（432万立方米）、西乡（90万立方米）、成坑（120万立方米）4个受纳场。这一阶段，余泥渣土的处置在政府相关部门的安排下，并没有形成太大压力。

　　2006年以后，深圳进入了余泥渣土排放难的阶段，处理压力陡增。2006年，龙岗中心城余泥渣土受纳场填满封场并被征用为大运会场馆建设用地；2007年，宝安西乡、南山塘朗山受纳场三期工程均使用完毕。而此时深圳申办成功第26届大运会，相关场馆正如火如荼地建设；深南路、北环大道、滨海大道等道路大面积进行改造；轨道交通二期工程的1号线延长线及2、3、4、5号线集中开工。余泥渣土排放难的问题在原特区内外全面爆发，甚至对深圳市的社会经济、城市环境、交通安全造成了严重挑战。根据市环境卫生管理处的初步统计数据显示，2007 年全市产生的各类余泥渣土是 950 万立方米，这一数字因轨道交通二期、三期工程的建设被一再刷新，如今已经达到年产生 3000 万立方米数量。在深圳相关部门的各类文件里，"井喷"一词成了描述余泥渣土数量的固有搭配词汇，而如何处理这些数量巨大的余泥渣土，成了相关部门头痛的事情。

受纳能力捉襟见肘，"地下"受纳场逐利而来。轨道交通、旧城改造，再加上遍布深圳的地产开发项目所产生的余泥渣土，令深圳市已有的 9 座受纳场（设计总库容约 5000 万立方米）捉襟见肘。政府部门规划建设的受纳场无法完全容纳城市建设产生的余泥渣土，同时新建受纳场的选址标准较高的双重压力，直接导致偷排乱倒现象猖獗。驾车穿过横龙山隧道，经常会看到一辆辆泥头车沿右侧车道排成一列，延绵一两千米等候进入受纳场的场景。在政府部门规划设计的受纳场捉襟见肘的时候，一些小规模的"地下"受纳场嗅到了利润诱人的"香气"，逐利而来。这些受纳场往往在夜里进行倾倒，一车根据所载土方数量收费 300 元左右，一夜之间能倾倒一两百车次，有的甚至几个月内就填满封场。

此次深圳"12·20"堆土滑坡事故事发地位于光明新区，是 2007 年从原深圳市宝安区划出的，占地 156.1 平方公里，人口 100 万。光明新区位于深圳西部，是深圳最具发展潜力的地区之一。在新区成立五周年之际，时任市委书记王荣、时任市长许勤对新区发展成就给予了充分肯定、高度评价。许勤到光明新区调研时曾指出："光明新区经济增长速度遥遥领先于全市，体现了新区的特点，GDP 实现 3 年翻一番、5 年翻两番的发展高速，已经成为深圳新的区域增长极。"其街道为深圳市归侨侨眷最为集中的地区。光明新区区位优势明显，距离宝安国际机场、蛇口港区和大铲湾港区约 25 分钟车程。2013 年 3 月 31 日，光明新区获"国家绿色生态示范城区"称号。新区相对地广人稀，成为泥头车乱倒余泥渣土的重灾区。2012 年、2013 年泥头车乱倒现象猖獗时期，光明新区不少偏僻道路的路边甚至路面，时不时就可看到乱倒的土堆或建筑垃圾。为了保护国土资源，2013年6月，光明新区成立了国有土地监管中心，划片包干，由专人进行日常巡查，蹲点驻守。但在利益面前，仍有人在打着擦边球"消化"余泥渣土。

二、案例始末

2015年12月20日11时42分，从国土资源部地质环境司（地质灾害应急管理办公室）获悉，广东深圳市光明新区凤凰社区恒泰裕工业园发生山体滑坡，初步调查显示为人工堆土垮塌导致楼房倒塌。同时，有媒体报道附近西气东输管道发生爆炸，导致煤气站爆炸，20栋厂房倒塌，多人被困，伤亡尚无法估计。后经排查，当日11时33分西气东输管道公司上海生产调度发现西气东输二线管道广深支干线16#—17#阀室光缆中断报警，11时38分发现两个阀室的阀门关断报警，两阀室之间管线压力快速下降，同时发现大铲岛压缩机自动停机，造成向香港供气中断。经排查，系山体滑坡造成管道受损泄漏，未发生爆炸。事发现场包括两个工业区：柳溪工业园、德吉程工业园。其中柳溪工业园全部被泥土覆盖，德吉程工业园80%被覆盖，两个工业区内共有15家公司受灾。

事故发生以后，党中央、国务院领导同志高度重视，习近平总书记立即作出重要指示，要求广东省、深圳市迅速组织力量开展抢险救援，第一时间抢救被困人员，尽最大努力减少人员伤亡，做好伤员救治、伤亡人员家属安抚等善后工作。注意科学施救，防止发生次生灾害。中央有关部门指导地方加强各类灾害和安全生产隐患排查，制订预案，加强预警及应急处置等工作，确保人民群众生命财产安全。

李克强总理作出批示，要求抓紧核实情况，全力组织搜救，全力救治受伤人员，尽最大努力减少伤亡。全面排查周边安全隐患，防止发生二次灾害。同时，查清灾害原因，做好善后处置。国土资源部、住房城乡建设部等部门要派员指导地方做好抢险救援工作。

时任广东省委书记胡春华立即作出指示，要求深圳马兴瑞书记、许勤市长，立即从北京赶回现场组织救治工作。时任公安部郭声琨要求，立即组织消防等开展救援，尽快核查伤亡人数，全力维护社会秩序。深圳市委书记马兴瑞要求提出三点指示、三点要求：第一要全力救援搜救被困的人员，第二要科学组织救援搜救，第三是全力避免发生次生灾害。时任广东省政法委书记林少春等接报后，第一时间赶赴深圳，指挥现场救援。

深圳市和光明新区立即启动救援应急预案，迅速成立现场救援指挥部，成立现场搜救组、现场监测组、医疗保障组、核查人员组、新闻发布组、自身灾害防范组、外围警戒组、交通疏导组、通讯保障组、后勤保障组10个小组。统筹协调省市消防、公安、武警、卫生等2000多人，全面开展救援工作。15时，公安部消防局消息称，山体滑坡致18栋建筑被埋压，现场已搜救出7人。17时，第一场新闻发布会召开，截至20日18时30分，广东省公安消防总队已调派周边地市和总队特勤大队11支消防救援队104辆消防车、566名消防官兵、123台生命探测仪、4台无人机、30条搜救犬参与救援。同时从广西、江西、福建等地抽调460余名官兵携带100余台套抢险装备，连夜驰援，初步打通了6条救援通道。至20日23时，深圳山体滑坡事故中失联人员已经上升到59名。已安全疏散民众900多人，全部得到妥善安置。

截至12月21日6时许，灾害造成的失联人员总数已经上升至91人，其中男性59人，女性32人。33栋建筑被毁，其中包括厂房14栋，办公楼2栋，饭堂1间，宿舍楼3栋，其他低矮建筑物13间；初步查明垮塌体为人工堆土，原有山体未滑动。同时，西气东输管道公司紧急启动公司二级应急响应，开展破损段管线勘查和管线注氮等防止次生灾害工作，公司内部抢修人员已到达现场。@国土资源部官方微博消息表示，深圳光明新区人工堆土垮塌事件后，国土资源部高度重视，目前已将地质灾害应急响应由三级提升至二级，国务院相关部门已成立工作组赶赴现场指导帮助地方开展抢险救援。上午 10 点，国家测绘地理信息局制作出灾前山体滑坡影像图、标注滑坡位置的地形图。下午 3 点，航空摄影拍摄完成，并于当晚 8 点赶制完成滑坡前后影像对比图，迅速将前后影像对比图提供给国务院应急办，为研判灾情、科学救灾提供地理信息数据支持。21 日 18 时，失联人数下降为 85 人。

12 月 22 日清晨 6 时许，滑坡灾害事故现场挖出第一具遇难者遗体。14 时 30 分，共有 76 人失联（男性 51 人，女性 25 人），其中 73 人身份信息已核实，另外 3 人身份正在核实中，为两男一女。失联人数下降的原因是，15 名失联者取得联系。同时，@国土资源部官方微博发消息称，"深圳光明新区人工堆土垮塌地灾应急响应提升至一级"。当天 15 时，滑坡事发所在的红坳村余泥渣土受纳场运营管理方——深圳市益相龙投资发展有限公司，其副总裁被警方带走。

12 月 23 日 1 时，联合国秘书长潘基文发表声明，向深圳山体滑坡的遇难者家属表示衷心的慰问，向中国政府与人民表达他的支持。当天 6 时，被困 67 小时的 19 岁小伙田泽明获救，成为首名幸存者，事件失联人数因此变更为 75 人。田泽明的病情基本保持稳定，进一步趋于正常，并转往深圳市第二人民医院继续治疗。此时，黄金 72 小时救援时间已过，仍有包括武警、公安消防以及军队在内的各方面搜救力量达 9993 人，757 辆（台）挖掘机等大型机械 24 小时施工。此外，已有 59 名失联人员的家属共 270 人，与善后工作指挥部取得联系并安置。国务院深圳光明新区"12·20"滑坡灾害调查组在深圳成立。

12 月 24 日上午，救灾指挥部接到线索，在滑坡体东侧偏北位置有一处储存危化品的仓库被土石覆盖，存在一定安全隐患，现场救援人员立即对该区域进行了封闭处理。

12 月 25 日，国务院深圳光明新区"12·20"滑坡灾害调查组经调查认定，此次滑坡灾害是一起受纳场渣土堆填体的滑动，不是山体滑坡，不属于自然地质灾害，是一起生产安全事故。根据《生产安全事故报告和调查处理条例》（国务院令第 493 号）有关规定，经国务院同意，成立由安全监管总局牵头的国务院深圳光明新区渣土受纳场"12·20"事故调查组，由安全监管总局局长杨焕宁担任组长，立即开展事故调查工作，依法依规严肃追责。

12 月 26 日，是深圳滑坡事故遇难者的"头七"祭日，事故已造成 7 人死亡，仍有 75 人失联。上午 11 时 40 分，救援现场所有人员向事故中的遇难者默哀，救援的工程设备鸣笛，表达对逝者的哀思。哀悼活动后，救援人员又继续投入搜救。国务院深圳光明新区渣土受纳场"12·20"特别重大滑坡事故调查组全体会议在深圳召开。同日，最高人民检察院已派员介入深圳光明新区渣土受纳场"12·20"特别重大滑坡事故调查，并与广东省检察机关已组成检察调查专案组，依法严查事故所涉渎职等职务犯罪。

2015 年 12 月 31 日，深圳市宝安区人民检察院发布消息称，该院以涉嫌重大责任事故罪，依法对深圳市益相龙投资发展有限公司法定代表人龙某美、副总经理于某利，以及光明新区红坳受纳场现场监督员、调度员等共 11 人批准逮捕，并要求公安机关加大侦查力度，尽快抓捕在逃的其他主要犯罪嫌疑人。

2016 年 1 月 4 日，救援处置工作已进入决战阶段。截至下午 5 时，救援现场已累计外运土方 225.2 万方，滑坡土方的平均标高已降至 3.8 米左右，已核实 24 具事故遇难者遗体为已登记的失联人员，没有发生疫情或突发公共卫生事件。现场指挥部强调，要坚持科学施救、安全施救，做到时间服从进度、进度服从质量与安全，努力取得更大进展，全力以赴打好抢险救援攻坚战。强调一定要立即对残留体的垮塌风险进行科学测算和评估，提前做好做细相关安全应急预案，并设置 24 小时观察哨加强监测，密切观察残留体变化，第一时间做好预警工作，确保现场救援人员安全万无一失。

截至 1 月 6 日 12 时，事故发生以来接报核实失联人员总数 77 人。

现场发现 58 名遇难者。参加救援的各方力量，包括中国人民解放军、武警部队、公安消防和省内外救援力量、社会救援力量等共 10690 人，投入大型工程机械设备 2169 台，已完成土方量超过 200 万方。事故受影响的企业员工 4630 人，已全部安置完毕，19 名遇难人员的家属已完成抚恤协议签订。

1月12日晚间，现场救援指挥部发布消息称，已发现 69 名遇难者，经核实全部为此前公布的失联人员。目前还有 8 人失联，现场搜寻工作仍在继续。

1月15日，深圳市宝安区人民检察院以涉嫌重大责任事故罪，依法对江西省新干县人大代表、深圳市绿威物业管理有限公司法定代表人张某如批准逮捕。"12·20"深圳滑坡事故系列案件，目前深圳市宝安区人民检察院已经批准逮捕 17 人，相关案件还在进一步侦查中。

1月18日，检察机关分别对深圳光明新区"12·20"特别重大滑坡事故所涉，光明新区城市管理局原副局长邓志雄、市政服务中心原副主任曾科挺、光明新区光明办事处查违办原副主任朱武跃、深圳市水土保持监督检测总站工程师郑存辉等 12 名犯罪嫌疑人以滥用职权罪、玩忽职守罪立案侦查，并采取了刑事拘留的强制措施。

1月19日，深圳市公安局发布通告，公安部通缉的深圳光明"12·20"特大滑坡事故在逃犯罪嫌疑人龙仁福、王明辉、林希孝，以及涉嫌窝藏、包庇龙仁福的犯罪嫌疑人蔡某、卞某锋已全部到案。

1月28日，"12·20"特别重大滑坡事故抢险救援已进入第40天。事故现场发现 73 名遇难者，经核实全部为失联人员，还有 4 名失联人员在继续搜寻。已查明涉案的犯罪嫌疑人 42 人全部到案。事故至今，医院共收治 17 人，已治愈出院 11 人，其余 6 人正在留院治疗康复中。无传染病病例报告，无聚集性疫情发生，无突发公共卫生事件报告。滑坡事故受影响的企业员工 4630 人，已全部安置完毕，部分企业已复工，受影响菜农的补偿工作已全部完成。截至28日，遇难人员家属全部签订了经济补偿协议。国务院广东深圳光明新区渣土受纳场"12·20"特别重大滑坡事故调查组仍在全面开展事故调查工作。

三、案例分析

1. 四点质疑

事故初发时，由于事发突然，多数媒体报道时从直观现象出发，采用了"山体滑坡"一说，引发了网民对于事故原因的关注和质疑。深圳当地并没有发生大规模强降雨，为何会导致山体滑坡？广东省地环站专家指出，事故发生地点原是一个老采石场，后作为余泥渣土受纳场使用。虽然事故当天有一点降雨，但理论上并不足以诱发山体滑坡。并且考虑到沿海地区难免会有台风和随之而来的暴雨，岩土工程的设计强度留有很大的安全余量。2015年12月20日，国土资源部的官方微博"@国土之声"上发布消息，初步查明深圳光明新区垮塌体是人工堆土，原来山体并没有滑动。垮塌地点属于淤泥渣土收纳场，主要堆放渣土和建筑垃圾。由于堆积的量比较大，造成了多栋楼房的倒塌。据目测估算，滑坡堆土量至少超过10万方。查看事发地10年以来的卫星遥感影像数据不难发现，这里在2010年之前是个矿场，持续的深挖采掘使得当地出现了山谷和深坑。2013年至2014年间，过度积水以及抽拍措施的缺乏使得深坑形成了"堰塞湖"，房屋也逐渐向山脚下靠拢，附近的建筑群逐渐增多。2015年，湖逐渐变小以至消失了，而山谷开口始终正冲着工业园区……

公众和社会舆论对此次事故的质疑主要集中在以下方面：

质疑一：真相到底是什么？究竟是管道爆炸诱发了渣土堆的滑坡事故，还是渣土山滑坡造成了管道的爆炸呢？

几乎在事故发生的同时，新浪、搜狐等知名网站上出现了对此次滑坡与西气东输管道泄漏孰先孰后的分析。有群众表示："听跑出来的人说，先是听到爆炸声，然后泥巴就冲过来了。""我的房子周边还住着好多户，不知道有没有跑出来。"一名逃出的村民惊魂未定地说，事故发生时他正在村里，房屋被倾泻下来的泥土推倒并掩埋，"我跟另一名年轻人逃出了村里，逃跑过程中还听到一次爆炸声。"然而，《中国青年报》等媒体则刊发了题为《深圳市"渣土山"滑坡致附近西气东输管道爆炸》的报道。21日，有网友说："昨天深圳所谓的'山体滑坡'，滑的根本不是山，是一个垃圾及建筑渣土堆放场，堆放高度达150米。首先被泥土推倒掩埋不是生产车间厂房，是员工宿舍。这个工业园总共有近5万工人。媒体根据航拍图片计算，掩埋面积大约有10万平方米！"截至22日17时，通过百度新闻搜索"深圳滑坡"，相关新闻量上万条。在新浪微博上，关于"深圳滑坡"的相关信息达到160207条，话题#深圳山体滑坡#阅读量达到了1.6亿次，讨论数量为10.1万，"深圳山体滑坡""深圳渣土滑坡"等类似的话题数量达33个。在论坛中，与深圳滑坡事件相关的帖子达54406条，涉及事件的各个方面。在微信舆论场中，相关文章达2650篇，且数量仍不断增长。

质疑二：到底有多少人失联？他们是谁？为何救援进展如此之难？现场还有无可能发生次生灾害？

12月20日17时24分，在滑坡事故现场召开了第一场现场发布会，其中报告了失联人数为27人。然而，这一数字在接下来几天内发生了跳跃式的变化……20日晚23时，失联人数变更为59人；21日上午9点的第三次新闻发布会上，深圳市公安局局长通报称失联人数为91人；仅仅相隔10个小时后，这个数字下降为85人；22日凌晨，数字再次调整为81人；而下午3时30分，失联人数变更为76人；24日的第八场新闻发布会，失联人数变更为75人……失联人员报送环节是否畅通？救援进展是否推进有力？人数变动是否是现场发生了次生灾害所致？成了前期救援工作引发质疑的焦点。

质疑三："人祸"背后是否存在利益输送？中间的管理环节哪里出了问题？

　　20 日国土资源部官微通报的事故原因引发了舆论躁动，更有媒体挖出了事故背后非法交易的利益链条，渣土场处在一种无序、监管缺失的状态下违规作业而酿成大祸，再次将公众舆论场引向对渣土来源的讨论，以及这场"人祸"背后的问责。更有评论指出，当地城市建设局曾于当年 1 月 29 日受理红坳余泥渣土受纳场项目环境影响报告表，2 月 13 日的审批前公示，3 月 11 日的批复公告详情已经显示"不存在"。这纯属巧合还是此地无银？如何解释受纳场承受不了余泥渣土不断倾倒、越堆越高而造成崩塌？数据显示，21 日，无论是媒体的新闻报道数量还是微博上相关信息的数量都达到了峰值，指责政府失职行业管理和政府监管存漏洞。

　　有网友认为，村镇地方负责人两眼只看住钱，不能看到不合理的开发建设的危害。还有网友称，在居民区附近这么大量的堆渣没人处理，有关部门也未进行督促警告。开挖本来就是暴利，不清渣倒渣是利上加利，这部分的劳务费是给了你们的，你们却不顾周边人和自己的安危。老板完全是丧心病狂的牟利！

　　"渣土车 24 小时不停地非法弃置渣土，因为非常危险，多次要求当地政府阻止。但是，五六年来这种状况一直没有改变。"在事故发生之前两年就不断有群众向有关部门进行反映，但都没有引起足够的重视。区城管局官网上也显示，从 2015 年 5 月开始，该局对红坳余泥渣土受纳场开展月度检查以及汛期巡检中，多次发现问题……

　　《京华时报》特约评论员连海平：深圳光明新区的垮塌事故以及此前的几次事故都再次发出警醒：祸患积于忽微，防范贵在常态。排查隐患、制定预案、加强预警……当这些工作都成为常态，灾害即便不会彻底消失，至少会减少减轻，而这也是对受害者的最好告慰。

　　　　　　　　　　　　　　　　　——2015 年 12 月 21 日《京华时报》

　　《新京报》社论：这起事故最令人想不通的地方就是，事故发生地竟是一线城市的深圳。就算滑坡是发生在近郊，也不应对逼近的危险失去警觉：都说祸患常积于忽微，或许"忽微"阶段有些风险还难察觉，可当隐患升级为看得见的明患后，还未能及时排除，治理嗅觉未免有些迟钝。这个事故让我们看到，时下有些城市在经济创新方面领先世界潮流，但在社会治理的一些方面，却仍然停留在"农耕时代"。这也是深圳滑坡事故，应该引起其他城市反思和警惕之处。

——2015 年 12 月 21 日《新京报》

质疑四：他在城管局局长的位置上时，为何会审批这个最终出事的渣土受纳场？又为何忽视了日常的监管，使得小概率不断累积汇聚成最终的惨案？

是否真如前所述，对"忽微"隐患的治理嗅觉不够灵敏呢？查阅资料可以发现，光明新区城市管理局 2014 年 2 月审批同意，在红坳村原采石场设立余泥渣土临时受纳场，接收政府工程和社会弃土。据媒体公开报道，该受纳场使用期限至 2015 年 2 月 21 日。此后，经光明新区城管局审批，又延期一年使用，使用期限为 2015 年 3 月 21 日至 2016 年 4 月 1 日。可以说，这是一个经过审批建设的余泥渣土临时受纳场。近几年附近建筑工地认为这可以作为垃圾收集场，源源不断地将废土废渣运到此处。此受纳场既然是经过政府审批同意，合法合规。那又何以出现这样的灾难？紧接着，12 月 27 日，已经离开光明新区城管局局长岗位半年之久的徐远安，以其自杀的一跃，留给公众以无解的疑惑：深圳滑坡事故中出事的渣土受纳场，正是由该局审批通过。作为高级工程师，徐远安的结局让人惋惜。2006 年，还在街道办任职的徐曾对深圳查处违建的"死堵"方法提出异议，他说，"群众很难理解，对政府的怨气日益积累"。由此可以看出，徐至少曾是个有一定担当的官员。但在城管局局长的位置上，他为何会审批这个最终出事的渣土受纳场？又为何忽视了日常的监管，使得小概率不断累积汇聚成最终的惨案？尽管事发地官方通报寥寥数语，公众还是迅速作出了猜测。畏罪自杀或因耻感谢罪的联想，使得正在进行中的事故调查更显得扑朔迷离。

2. 舆情引导

此次深圳滑坡事故前后召开了 12 次事故救援处置情况通报的新闻发布。第一场发布会在滑坡灾害发生后 5 个小时即召开，连续 5 天共召开 9 场新闻发布会，深圳市主要领导先后亮相，失联人数、伤亡人数、救治情况和救援工作进展的通报事无巨细，共有 700 多人次的记者参加发布会，有效遏制了次生传播谣言的可能。新华社评论此次滑坡事件非常客观到位：灾害不幸，但深圳市的应急表现可圈可点。"谁也不愿看到悲剧发生，而当不幸降临的时候，考验的是城市的危机应对能力，人们也从事发后的表现中窥见这座城市的底色。"尤其是深圳市领导在滑坡现场站成一排，一起向事故的遇难者致哀的照片，更是令人印象深刻，据参加过几次发布会的记者在微博上说，深圳市相关领导面对记者提问都能不回避问题、不回避矛盾，知之为知之，不知为不知，他们的这种务实作风，其实从根源上遏止了如此大灾后传播场里各种谣言发生的可能性，用官员的诚实换来媒体的耐心，也换来了社会人心的理性。

深圳滑坡事故的新闻发布既讲究频率，救灾前 72 小时密集发布，平均每天召开 2 场，第八场开始则每天召开一场；又在发布内容上各有侧重：第一场和第二场发布会侧重发布现场救援情况与灾民安置、领导重视靠前指挥。例如，发布会上指出灾害发生后，党中央、国务院高度重视，习近平总书记、李克强总理作出重要批示，张高丽、马凯、胡春华、郭声琨、王勇、朱小丹等有关领导也对抢险救援工作提出明确要求。马兴瑞、许勤同志立即从北京赶回灾害现场组织救援处置工作。省委常委、政法委书记林少春等率省有关部门人员，迅速赶往救援现场。马兴瑞等省市领导主持召开现场抢险救援会议，要求迅速组织力量，开展抢险救援，全力抢救被困人员，最大限度地减少人员伤亡，科学组织救援，坚决防止次生灾害；增派救援力量，对灾害涉及建筑物、人员等情况进行全面核查，做好涉及人员及其家属安抚善后工作。省市领导及前方指挥部还专程看望了受伤人员及家属，向受灾群众表示了慰问。但对于事故原因，再未经核实之前没有透露，后续由专业人士予以解答。

21日上午，在对事故数据有了初步掌握和分析的基础上，深圳市副市长刘庆生出席并主持了第三场发布会。发布会公布了两项比较重大的数据，此次灾害覆盖面积38万平方米；失联人数91人，其中男性59人，女性32人。此次灾害共造成了33栋建筑物被掩埋或者是不同程度的损毁。其中，厂房14栋、办公楼2栋、饭堂1间、宿舍楼3栋，其他低矮建筑13间。截至早上6时，现场151台大型工程车同时作业，用挖掘机和人力配合挖掘。中石油方面也对受损的400米管道进行了排通，并在上午开始修建临时的管道。又过了10个小时，这个数字下降为85人。"失联人员核查表"上，失联人员多为外来务工人员，由于核实人数存在困难，有些还存在全家都失联的状态，一时难以确定，所以人数不断在变化。但随着核查的深入，数字越来越准确。这也回应了民众对失联人数的第二点质疑。

当天下午召开第四场新闻发布会，深圳市住建局局长杨胜军、岩土工程专家中国铁路科学研究院研究员刘国楠介绍了现场救援情况。"在整个抢险救灾工作中，我们有很多的队伍，志愿者、解放军、当地的工程施工队伍，他们都非常积极，第一时间赶到现场，赶到现场之后开始工作上的协调安排，专家和住建局一起参与救援。"并汇报了救援进展：接报失联人数下降为85人，安排居住600人，安全疏散900人。借助权威力量，专业发声，重点回应两点：一是救援难度到底有多大？滑坡面积巨大是救援难度大的主要原因。此次灾害滑坡覆盖面积相当于50多个足球场大小，余泥渣土厚度达数米至十数米不等，有的几乎和四层高的厂房齐平。参与救援的宝安区一位消防人员介绍说："探测仪只能深入空隙。而现场是泥土压得死板一块，探测仪发挥作用的空间受到限制。"特殊地质在特殊的地质条件下，搜救犬和无人机也难以发挥最佳功效。此次灾害现场都被泥土覆盖，散发出来的气味受很大影响，现场土方太厚，屏蔽了下方的信号；而且施救人员的手机也产生信号，这也增加了搜救难度。二是会不会发生次生灾害？有岩土工程专家称，这是国内外城市地区少见的大规模滑坡灾害。"这一次滑坡的规模之大，是我从业 30 多年来第一次见到。"刘国楠说，在城市的丘陵地区发生这么大的灾害是很少见的，国际上只有印度尼西亚 20 世纪 90 年代一个垃圾填埋场滑坡、引发泥石流造成很大损失。并详细介绍了分层剥离、多次生命探测结合的搜救方式。截至 21 日晚间，救援指挥部已经基本排除了次生灾害的可能。杨胜军说，深圳市组织岩土、燃气、结构、地质等方面专家 200 多人对灾害现场进行分析认为，再次滑坡和次生灾害的可能性较小，开展救援工作基本不会危及救援人员的生命安全。另外一个备受外界关注的"危险点"——中石油管道也进行了破损段管线勘查和管线注氮等防止次生灾害工作，公司内部抢修人员已到达现场。

22 日下午召开的第五场发布会由深圳市副市长向遇难者默哀，提供失联人员相关情况。23 凌晨，召开第六场发布会。广东省公安厅消防总队总队长王郭社介绍了救援的几个关键因素：一是各位专家起到非常大的作用，通过总指挥部调集了深圳市国土局的专家带着仪器设备一共定位了 14 栋建筑；二是寻找到建筑物后，挖掘到建筑物露出来后，一共定了 4 个地方疑似有生命迹象，探测出来有生命迹象再重点挖掘；三是发现建筑物就是最重要的救人第一步。凌晨 3 点发现生命迹象，急救队立即赶赴现场。6 时 38 分，深圳滑坡现场救出首名幸存者田泽明，19 岁，重庆人，是公布的失联者之一。

前六场新闻发布会的内容侧重抢险救灾等紧急处置，以及防止次生灾害。后六场新闻发布会则突出了各类专业力量的深度搜救工作，医疗救援等进展，介绍灾民及家属安置、赔偿方案、追责等相关问题。媒体的关注点也随着发布会的节奏，从救援困难及对应重点工作，设备及人员情况，转向了家属安置及善后方案。

23 日召开第七场发布会，突出重点工作进展，包括抢险救援情况、受灾群众安置，以及下一步工作：一是以救人为第一要务来开展救援工作，开展地毯式搜查，绝不放过每一寸土地；二是在现有工作面已打开的情况下，进一步加强和调动重型设备、补充增加更多救援人员到现场，加大救援力度；三是做好次生灾害防范，继续加大检测和监测，坚持科学施救，确保救援人员的人身安全；四是灾害原因调查；五是继续做好失联人员信息的核实，家属的安抚以及受灾人员的安置等各项工作。

24日召开的第八场新闻发布会以善后安置、医学救援为重点。组织一对一的善后工作小组，每个小组共五人，每个小组成员包括有心理咨询、法律服务和专业社工以及民政等相关人员。针对受影响的企业，进行整体安置和有关人员的妥善安抚。受到影响的企业员工4630人，由市人力资源和社会保障局牵头成立专职安置小组，对这些企业员工身份信息、工资发放情况进行甄别造册。外围的但受封锁线影响的企业员工1600人，与企业共同探讨员工的安置、恢复生产的问题。本着救人为先、员工为本的原则，和企业探讨怎么恢复生产，同时公布权威机构的地面建筑和地下状况检测结果，稳定企业和员工的情绪。医学救援方面，根据就近、快速救治的原则，确保第一时间对伤员进行伤情评估，进行有效救治和转运。并对灾害现场进行了快速公共卫生风险评估，开展现场消杀和卫生防疫疾病监测工作，组织专家做好伤员、家属及相关人群的心理疏导和心理危机救援工作，稳定相关人员情绪，积极配合相关部门做好善后处理工作。

25日召开了第九次和第十次新闻发布会。其中，前者侧重防止次生灾害的发生，企业危险化学品再次排查，以及救援力量中工程技术人员的安排情况。后者则公布了国务院深圳光明新区"12·20"滑坡灾害调查组的认定结果，此次滑坡灾害是一起受纳场渣土堆填体的滑动，不是山体滑坡，不属于自然地质灾害，是一起生产安全事故。深圳市市委书记、市长、政法委书记、常务副市长、宣传部部长、秘书长、公安局局长以及光明新区相关领导悉数到场，表明对事故相关责任人依法依规依纪严格追责、对事故影响和教训深刻反思的决心。

时隔11天，2016年1月6日第十一次发布会通报核实失联人员总数77人，事故现场已发现58名遇难者。1月12日的第十二场发布会则关注追责和反思。已查明涉案的犯罪嫌疑人共 31 人，到案共 25 人，正在追逃 6 人。参加救援的各方力量共 10681 人，投入大型工程机械设备 2628 台。累计环境消毒面积 280 万平方米、杀虫面积 337 万平方米。救援现场累计监测 55800 人次。救援区域无传染病病例报告，无聚集性疫情发生，无突发公共卫生事件报告。事故受影响的企业员工 4630 人已全部安置完毕，部分企业已经复工。受影响菜农的补偿安置工作已全部完成，已有 65 名遇难人员的家属签订抚恤协议。同时，对于这次事故要深刻反思、举一反三，举全市之力加强城市管理和治理，全面打响"城市管理治理年"攻坚战，重点整治违法建筑、渣土受纳场、危险边坡、"二线关"插花地、危险化学品仓库等各类安全隐患，采取强有力措施，确保城市运行安全。

四、启示借鉴

1. 管理漏洞凸显"城市病"

这次深圳山体滑坡事件，那些明知山已太高，居民区就在附近，却还按照"大车 300 一辆，小车 200 一辆"的标准收费的管理方是脱不开嫌疑的。除了对责任的认定和追究之外，对于城市公共安全隐患的反思，有着管理责任的政府首当其冲。

此次事故的真相引发了媒体对于城市建设中所累积的隐藏弊病的探讨。《新京报》对深圳滑坡事件映射出的城市发展中存在的问题进行了分析，提出时下有些城市在经济创新方面领先世界潮流，但在社会治理的一些方面，却仍然停留在"农耕时代"。而《华商报》将这次滑坡事故评论为城市治理短板的一次报复。余泥渣土是城市快速发展的产物和象征，但也几乎是中国所有城市的痛。正如《晶报》所指出的那样，当公共资源成了某些人的牟利通道，余泥渣土几欲成了深圳发展的"阿喀琉斯之踵",处置不好就会成为城市发展的拖累,形成巨大的安全隐患,危及环境乃至老百姓的生命财产。凤凰评论评论员杨耕身将深圳市的相关监管部门比作一个装睡的人,无论是媒体对泥渣隐患问题的报道、红坳村村民反映的泥土车偷倒渣土问题,还是环评、媒体或物业公司的呼喊,终究都没能叫醒这个装睡的人。尽管之前群众多次举报安全隐患,但持续堆土的现象并未改变。对环评警示的风险视而不见,对群众的举报置若罔闻,坐视小患酿成大灾。虽然事故发生所在的工业园地处一线大城市深圳市,却属于城市的远郊地区,与城市中心区内精耕细作式的管理存在着天壤之别,各种疏忽纰漏比比皆是。

网络上的评论也纷纷聚焦"人祸"。有网友说,天灾的次生灾难是人祸、人祸的次生灾难还是人祸……有网友认为,深圳滑坡,人祸当道,一不小心点破了土皇帝的新衣。但愿,这次的人祸,后来的责任追查不会烂尾。有网友说:原因不等于责任,就好比路上有水,天冷结冰,有人滑倒了,天冷是原因,摔倒的人腿脚不好也是原因,但是责任在于谁往路上洒的水。多数情况下,采石场边坡复垦都是通过废渣填埋后,再平整覆土绿化。然而,显然当地的地灾危评没做,也没任何防护或监测措施,而且堆放方式也不合理。渣土行业需要重视,加强管理!有网友指出,深圳政府只关注关内……像什么光明新区这些地方名义上是深圳的,实际上就是荒郊野外,到处都是管理不规范的工厂,治安、环境、行政效率都很差。有网友谈道,深圳山体滑坡是中国式发展的恶果,是每个环节不作为的共谋,是设计、施工、倾倒、环评、监管的集体犯罪。有网友称这次灾难为赤裸裸的人祸,而事发地点更是被比作了"一块脱离监管的飞地",在一种完全无序的状态下不受控制地接纳着从城市拉来的渣土,直至超出山体的承受极限而崩塌。

专家学者们就风险研判、合理规划、加强监管等一系列问题表态。科学网博主、地质学家苏德辰认为类似这样的潜在危险在中国还有很多。目前,相关部门并没有公开我国建筑垃圾渣土总量、堆放消纳处置现状,特别在城市周边的情况。同时,在对天然坡体地质灾害能够进行预判的基础上，科学家尚未对人工坡体开展全面研究，应重视城市垃圾渣土的工程风险。中国科学院城市环境研究所副研究员咨涛提出，缺乏慎重研究的工业产业空间布局将为城市居民生命和财产安全埋下隐患。清华大学水利水电工程系研究员孙其诚称，发生事故的原因可能是由于监管不力，建筑渣土在废弃的采石场堆放后，没有按照相关工程规范处理。

不论何种声音，都指出了当地政府不可推卸的责任。再多的眼泪挽不回已逝去的生命。面对已然发生的事故，悲伤和怜悯没有太多的意义。真正值得反思的是，如何才能避免此类事故的再次发生。而作为政府管理者，更是应该通过这次事故有所警醒、认真反思，以高度负责的工作态度为百姓生活构建起一道安全防线！

2. 公众安全意识不足加重"城市病"

此次事故中，公众缺乏公共安全意识、知识和技能而引发的许多不恰当行为，也使得公共安全风险被层层叠加。古语说得好，千金之子，坐不垂堂。不能把安全保证完全交付他人，要随时绷紧公共安全意识的弦，要加强自身的防范意识与日常习惯。

云南省人民政府参事、原云南省教育厅厅长罗崇敏将此次滑坡事故称为："一场赤裸裸的人祸……如同一块脱离监管的飞地，在一种完全无序的状态下不受控制地接纳着从城市拉来的渣土，直至超出山体的承受极限而崩塌。如此人为的惨剧，既是城市之殇，更是城市之耻。"北京市公安消防总队原副总队长李进则表示："中央城市工作会议开得太有针对性了，我们许多城市的'城市病'是该好好治治了。"著名华人经济学家姚树洁则表示："如果没有从安全隐患的事情做起，一切都以速度为衡量标准，人民要付出的代价就太大了，尤其是生命的代价。城市发展不可能总是追求发展的'第一世界'，而把安全忧患意识老是停留'第三世界'的水平。"

2016年是"十三五"的开局之年，也是深圳"城市管理治理年"。在深圳市六届人大二次会议上，时任广东省委副书记、深圳市委书记马兴瑞直面光明滑坡事故，痛陈年增逾 700 万平方米、总量超 4 亿平方米的违建是城市发展的最大毒瘤，已成为制约特区一体化、城市发展的主要因素之一，深圳将加大自查力度，坚决清理和遏制违法建筑，建立健全保障城市安全的长效机制。马兴瑞坦言，光明滑坡事故对深圳来说教训是非常惨痛的。通过该事故清醒地看到，违建已到了不抓不行的地步。光明滑坡事故中，有超过 50 名失踪者是居住在违建中。

总之，此次事故将城市快速发展中的各类病症摊在了公众面前，我们既需要加强管理、严格履行各部门监管职能，也要将安全意识的强化常态化，以临危履薄的态度重视公共安全，杜绝偶发的星星之火造成燎原之势；警惕"光鲜外表"内的"一团乱絮"。不要让发展与安全的天平向前者倾斜而失去平衡，需要加强社会基础和法则的支持，坚决不能让公共资源成为一小撮人牟利的工具。

3. 舆论引导正视"城市病"

（1）媒体在此次深圳滑坡事故中发挥了自己喉舌的功能，起到了监督和问责的作用

通过紧跟事件发展动态的持续新闻报道，媒体发挥了较好的舆论引导作用。无论是媒体在事故发生后的第一时间进行的事故问责，还是随着调查的深入，对于事故背后利益关系的揭发，再到各大报刊通过社评所引起的网民对于我国城市化进程中隐藏的问题的思考，都及时地部分缓解了网民对于这起事故中无辜生命逝去的愤怒之情，对舆情有一定的平息作用。

（2）政府发布信息及时，公开透明，掌握了一定的主动权

尽管在事故发生之初，媒体把事故简单归结为"山体滑坡"的说法引起了网民的质疑，引发了舆论高峰。但是官方在第一时间公布了事故调查结果，化解了这一阶段的舆情危机。除此之外，国家测绘地信局所发布的山体滑坡前后影像对比图，也让网民对滑坡事故有了更直观的了解。同时，深圳市政府多次召开新闻发布会，更新失联人数和名单，公布救援情况和救援方案，给担心的受众以心理慰藉。截至 23 日上午 10

时左右，深圳市已经召开了 6 场新闻发布会。在此次事件中，政府及时抓住信息公开的黄金期，引导舆情，取得了网民的信任，缓解了对政府的质疑之声。

（3）充分发挥新媒体在舆情事件中的功能

除了召开记者发布会，相关部门还利用微博等新媒体技术来扩大信息的传播范围，在一定程度上有利于舆情的平息。如国土资源部利用微博公布调查结果，公安部消防局和广东省公安消防总队分别通过其官方微博 @ 中国消防、@ 广东消防，向社会公布了第一个被救援出的失联者信息。除此之外，包括中国日报、Vista 看天下、中国新闻周刊、北京青年报、羊城晚报、现代快报、晶报、广州日报、中国之声在内的多家传统媒体也在其微博等新媒体平台上对事件进行关注和报道，与网民进行互动和交流，从而疏散社情民意，起到了"减压阀"的作用。

（4）民间舆论场理性凸显

在深圳事件发生后，网民对于事件的关注除了祈福，还主要集中于事故产生的原因、事故的问责以及失联者的搜救活动，民间舆论场趋于理性化。

综上可见，在此次深圳滑坡事件中，政府的反应速度和处理结果均呈现出较为良好的效果。在互联网时代，要充分重视和发挥新媒体在舆情传播中的作用，激发传统媒体和新媒体的"合力"，掌握舆论主动权，明确舆论导向。同时，在舆情基本平息后，要完全化解舆论危机，首先涉事公司相关管理人员和政府部门责任人要得到相应的法律制裁和惩处。与此同时，为了避免类似的惨剧重演而再次触发民众愤怒的神经，政府也应该反省其在城市治理中存在的漏洞，改变一味追求城市建设速度和面子工程的政绩观，用长远的眼光重新审视城市建设中的可持续发展问题。

4. 建设垃圾资源化为"城市病"开良方

12 月 21 日，有网友说：城市建筑垃圾处理是个问题，深圳这次严重灾害完全是人为造成的，早该划出填海区接受固体废料。

12月23日，有网友说：建议各地以此次深圳山体滑坡事故为鉴，重新思考余泥渣土等建筑垃圾的处置方式，要把建筑垃圾当作资源看待，对建筑垃圾进行资源化处理。只有这样，才能避免类似的人祸再次发生，同时也能缓解国内普遍的垃圾围城困境，创造更好的经济效益、社会效益和环境效益。

"建筑垃圾围城"的困局绝不仅仅是深圳，如今，已经从北、上、广、深等一线城市迅速蔓延到二、三线城市，乃至乡镇农村。与日增长的大量建设垃圾和建设垃圾处置方式的单一化，以及相关监管力度的缺失，使得这方面的安全隐患时时存在。

事实上，已有业内专家提出警示：填埋或回填的处置方式不仅浪费了大量的土地资源，亦有可能因填埋不均匀突然塌陷而造成人陷楼塌的恶性事故，更会造成严重的二次污染，贻害子孙，后患无穷。而专家们一致表示："建筑垃圾资源化处置，能够将建筑垃圾100%进行再生处置，是当前世界上最优异的建筑垃圾处理办法。"党的十八大和十八届三中全会、四中全会、五中全会，相继做出了关于绿色发展、低碳循环发展的国家级战略部署，明确将环保产业作为未来战略性新型产业之一。关于建筑垃圾资源化的宏观政策指导也相继出台。《2015年循环经济推进计划》明确提出了推进建筑垃圾资源化利用的要求，鼓励各地探索多种形式市场化运作机制，创新建筑垃圾资源化利用领域投融资模式等。然而，迄今为止，建筑垃圾资源化的宏观政策大多停留在方向性指导上，能够具体落实和操作的微观、产业、社会等配套政策始终脱节。

而中央经济工作会议则明确指出，国家的宏观政策要稳、产业政策要准、微观政策要活、改革政策要实、社会政策要托底。这为建筑垃圾资源化产业在政策制定上提出了方向：要采取果断措施，让各级政府了解、重视建筑垃圾资源化行业的发展现状；再根据行业要求，制定具体可操作的政策和标准。

　　习近平总书记曾在 2016 年 7 月 20 日中共中央政治局常委会议上强调，要加强城市运行管理，增强安全风险意识，加强源头治理；要加强城乡安全风险辨识，全面开展城市风险点、危险源的普查，防止认不清、想不到、管不到等问题的发生。随着当前我国经济社会快速发展，城市化进程不断推进，各类风险日益累积、日趋复杂，城市公共安全面临的问题依然突出，并将不断面临新的挑战。只有通过构建城市规划、建设、运营、管理等多个方面的安全体系，形成一张密不透风的安全网，才能让我们的城市更安全、更宜居、更有魅力！

参考文献

1.《深圳一工业园山体滑坡已救出 4 名被困人员》，凤凰网，2015 年 12 月 20 日。

2.《垮塌山体为人工堆土民众两年前向有关部门反映》，网易新闻，2015 年 12 月 21 日。

3.《中石油：深圳西气东输燃气管道未爆炸　正全力抢修》，搜狐网，2015 年 12 月 21 日。

4.《深圳滑坡事故现场已发现 69 名遇难者》，新华网，2016 年 1 月 24 日。

5.《深圳滑坡面积达 38 万平方米滑坡土方约 3 层楼高》，网易新闻，2015 年 12 月 26 日。

6.《国务院调查组：深圳光明新区"12·20"滑坡灾害是一起生产安全事故》，新华网，2015 年 12 月 31 日。

7.《深圳山体滑坡事故中那么多渣土是哪里来的？》，腾讯网，2016 年 1 月 5 日。

8.《深圳山体滑坡事件失联人数达 59 人》，中国经济网，2015 年 12 月 21 日。

9.《深圳山体滑坡事故失联人数上升至 91 人》，中国经济网，2015 年 12 月 21 日。

10.《深圳山体滑坡现场救援调整为机械加人工网格进行》，中国经济网，
   2015年12月21日。

11.《深圳山体滑坡事故中那么多渣土是哪里来的?》，腾讯网，2016年1月
   5日。

（李一静　编写）

河南省平顶山市康乐园老年公寓
"5·25" 特别重大火灾事故

    2015 年 5 月 25 日，河南省平顶山市鲁山县康乐园老年公寓发生特别重大火灾事故，过火面积 745.8 平方米，事故造成 39 人死亡，6 人受伤，直接经济损失达 2064.5 万元。事故发生后，习近平总书记和李克强总理分别作出重要指示和批示，要求全力救治受伤人员，妥善做好善后工作，严守安全红线，坚决防范和遏制各类事故再次发生，确保人民群众生命财产安全。这起特别重大的安全生产事故，引起社会各界广泛关注，人们在议论生产安全问题的同时，也对我国现行的养老问题进行了深入讨论。

一、案例背景

1. 康乐园老年公寓

    康乐园老年公寓位于河南省平顶山市鲁山县，经县民政局批准于 2010 年成立，属于民办性质养老院，占地面积 30 亩，建筑面积 600 平方米，共分 4 个区（2 个自理区、1 个半自理区和 1 个不能自理区），可容纳老人 150 名，法人代表为鲁山县董周乡沈庄村人范花枝。

2010年12月14日，鲁山县民政局在康乐园老年公寓未提供建设、消防、卫生防疫等部门的验收报告和审查意见书原件的情况下，违规通过了康乐园老年公寓审查，核发了《社会福利机构设置批准证书》；2012年11月20日，康乐园老年公寓取得了鲁山县民政局核发的《民办非企业单位登记证书》；2013年12月，鲁山县民政局又违规给康乐园老年公寓换发了许可证；2014年1月1日，康乐园老年公寓取得了鲁山县民政局核发的《养老机构设立许可证》。

2013年9月，康乐园老年公寓也曾计划筹建新址，但因资金问题而搁置。2013年9月16日，鲁山县发改委曾批复了关于鲁山县康乐园老年公寓建设项目的文件（鲁发改〔2013〕124号），同意建设鲁山县康乐园老年公寓建设项目；项目规划的地址和现址相同，规划分别建设10栋普通公寓楼和10栋高档单体公寓等建筑；估算总投资3973万元，资金来源为康乐园老年公寓自筹973万元，引资3000万元；文件还载明，核准文件有效期限为2年。不过，直到康乐园老年公寓出事，也未见其发布任何招标信息。鲁山县一位官员说："投资3000多万元对一个鲁山来说是一个相当大的工程了。一方面养老院也没筹集到资金，另一方面作为鲁山这一块也很难招商引资"，"养老院是非营利性的机构，有兴趣的企业并不多"。

后来违规建设的康乐园老年公寓的房子主要是简陋的彩钢瓦房结构，当地人把养老院的这种房子称为"铁皮泡沫屋"。有居民称，该公寓在这里已经运营10多年了，2010年11月才取得当地民政局的批准。根据河南省民政厅2011年公布的养老服务机构年检结果报表，康乐园老年公寓是鲁山县唯一上榜的养老服务机构。

2015年5月14日，鲁山县董周派出所检查康乐园养老院时发现有隐患，并下了整改意见书——部分建筑物结构和材料不符合消防安全规定。针对这个隐患下了整改通知，整改通知还没有到期限，火灾就发生了。民警对此的解释是："他住那么多人，住的都是老年人，咱强制叫他搬，公安机关没有这个权力让人家搬出来，这是民政部门对他具体管辖。"而自始至终，鲁山县公安消防大队从未对其进行过检查，对康乐园老年公寓的有关信息掌握不准，错将二级消防安全重点管理单位康乐园老年公寓列为三级管理。

2．聚苯乙烯夹芯彩钢板

聚苯乙烯夹芯彩钢板是一种新型复合建筑材料，由彩色钢板作表面，聚苯乙烯（也称泡沫塑料）做芯材，经机械成型并利用高强度黏合剂黏合而成。优点是保温防水隔热质量轻安装方便，缺点是易燃，遇到火苗就会迅速燃烧并产生大量有毒气体，存在较大安全隐患。国家严禁聚苯乙烯泡沫夹心彩钢板房作为宿舍使用。事实上，本次河南养老院火灾事故之前的几年里，彩钢板建筑火灾事故也时有发生。

2010年5月3日，内蒙古呼和浩特市赛罕区偷林镇二道河村中铁十九局在建铁路隧道工地民工彩钢板工棚(芯材为聚苯乙烯）发生火灾，造成10人死亡、14人受伤。

2010年11月5日9时许，吉林省吉林市船营区商业大厦发生火灾，造成19人死亡。该商厦建筑外围使用铝塑板、玻璃幕墙和实体墙封闭，严重影响灭火救援和人员逃生。

2011年4月9日15时许，青海省西宁市青海夏都百货股份有限公司纺织品百货大楼发生火灾，造成1人死亡、多人受伤，过火面积约8000平方米。据调查，该百货大楼在扩建工程二层违章搭建民工宿舍，施工区和商场营业区采用易燃聚苯乙烯夹芯彩钢板作临时分隔，导致火灾发生后迅速蔓延。

2012年10月10日5时，陕西省西安市周至县陈河乡引汉济渭工程中铁十八局建筑工地一彩钢板(芯材为聚苯乙烯）活动房发生火灾(定性为安全生产事故），起火至建筑倒塌仅6分钟，造成12人死亡、2人失踪、24人受伤。

2013年4月14日6时38分，湖北省襄阳市樊城区前进路一景酒店发生火灾，造成14人死亡、47人受伤。据调查，起火建筑二层网络会所屋面采用可燃夹芯材料的彩钢板，吊顶、墙面、楼梯间采用可燃材料装修，导致火灾发生后迅速蔓延。酒店建筑部分外窗设钢制防盗网，严重影响灭火救援和人员逃生。

2013 年 7 月 30 日，民政部要求各级民政部门和民政服务机构深刻吸取黑龙江省海伦市联合敬老院"7·26"火灾教训，以高度负责的精神，始终把"生命至上"作为一条红线，切实将安全管理工作抓实抓细抓好。具体要求在全国范围内深入开展安全生产大检查，突出抓好民政服务机构安全管理，高度重视供养服务对象精神慰藉工作。但很明显，康乐园养老院在此次安全大检查中并没有得到整改，为两年后火灾的发生埋下了隐患。

二、案例始末

1. 火灾发生

2015 年 5 月 25 日 19 点 34 分，河南省平顶山市鲁山县琴台办事处三里河村康乐园老年康复中心的一栋老年公寓突然起火。火势凶猛且蔓延迅速，现场黑烟滚滚。

19 点 45 分，消防队员陆续到达现场，开始进行搜救。消防人员到现场以后，建筑已经坍塌了，由于火焰处于猛烈燃烧阶段，搜援人员一点都靠不进去，搜救工作根本开展不了。救援人员无法进入建筑内部，只是在建筑外部东北角发现一位老人，遂救起并将其送上救护车。

当晚 20 点 20 分，明火被扑灭。在火灾的废墟内，除了坍塌的房顶、铁床和轮椅的铁架，完全看不到任何墙体的痕迹。与康乐园起火的建筑一墙之隔的是一家加油站，如果火势蔓延，后果将不堪设想。

2. 政府应急

事故发生后，习近平总书记立即作出重要指示，要求河南省和有关部门全力救治受伤人员，妥善做好遇难者善后和家属安抚工作，并查明事故原因，依法追究事故责任。要求各地区和有关部门要牢牢绷紧安全管理这根弦，采取有力措施，认真排查隐患，防微杜渐，全面落实安全管理措施，坚决防范和遏制各类安全事故发生，确保人民群众生命财产安全。

国务院总理李克强作出批示，要求抓紧全力抢救伤员，做好伤亡人员家属安抚等工作，妥为善后。同时要求举一反三，全面排查各方面的安全隐患，坚决避免类似事故再次发生。

5月26日，为深刻吸取河南鲁山"5·25"特大火灾事故教训，公安部消防局发出通知，要求各地公安消防部门立即开展针对性消防安全检查，并扎实开展好夏季消防检查，坚决遏制重特大火灾事故发生。

5月26日，民政部紧急下发《民政部关于立即开展各类福利、救助机构安全隐患排查整治工作的紧急通知》（以下简称《通知》），要求各地民政部门立即在全国民政系统开展安全隐患排查整治工作。《通知》要求，各地消防部门要按照公安部《夏季消防检查工作方案》要求，结合当地实际，立即提请当地政府组织公安、民政、卫生、教育等部门，对辖区养老院、福利院、幼儿园、托儿所、医院等单位开展消防安全检查。《通知》还要求督促相关单位落实消防安全防范措施。各地消防部门要依法督促养老院、福利院、幼儿园、托儿所、医院等单位落实消防安全主体责任，建立健全消防安全制度，加强用火、用电管理，严格落实巡查、检查要求，及时消除火灾隐患。同时，针对此类单位老弱病残幼人员多、自理和逃生能力差等实际，督促指导单位明确专人看护，配备实用的报警和疏散逃生设施。《通知》强调，加强消防教育培训和疏散演练，提高相关从业人员消防安全素质，提升单位消防安全管理能力。结合老年人、残疾人、幼儿、患者的认知和行动特点，制定针对性强的应急疏散逃生预案，并定期组织演练，切实做到一旦出现险情，能够快速有效组织人员疏散逃生。

5月27日，国务院批准，依法成立了由国家安全监管总局副局长孙华山任组长，国务院有关部门和河南省人民政府负责人参加的事故调查组，并成立了技术组、管理组、责任追究组和综合组等四个专项工作组。同时，最高检和河南省、平顶山市及鲁山县检察院等四级检察机关组成检察调查专案组，将依法严查火灾事故所涉渎职等职务犯罪。

同日，根据市人民政府安全生产委员会建议和领导干部问责的有关规定，中共平顶山市委作出决定，对鲁山县人民政府分管民政工作的原副县长田汉霖停职处理；中共鲁山县委作出决定，对鲁山县民政局原局长刘大钢，原党组成员、主任科员王占文，鲁山县公安局原党委委员高峰停职处理；另外，还对其他事故相关责任人作出处理决定，并上报上级单位。

5月28日，国务院安委会办公室发布通报（安委办明电〔2015〕13号），对河南平顶山"5·25"特别重大火灾事故的影响、原因进行了深入分析，并从强化安全红线意识、严格落实消防安全责任制、集中开展消防安全专项检查、严格消防执法、严肃追究消防火灾事故责任、强化其他重点行业领域安全风险防控六个方面提出了明确要求（具体内容见附录）。

3. 舆情反应

2015年5月25日，鲁山养老院火灾发生后，事件迅速在网上发酵，事件舆情关注率快速上升。对于如此严重的火灾事故，舆论愤慨和问责声一片。据乐思舆情监测系统"河南鲁山养老院火灾"专题数据显示，截至5月28日11时，"河南鲁山养老院火灾"事件舆情声量达21105条，其中微博舆情声量10988条，占比52%；新闻媒体报道6474篇，占比31%。新闻媒体和微博成为该事件舆情关注度和议论度最高的阵地。在舆情走势方面，5月25日火灾发生后，网上就开始出现该事件的报道，但舆情声量小，尚未大面积传播。从26日开始，该事件舆情传播开始发力，人民网、凤凰网、新华网等上千家媒体对该事件展开追踪报道，并快速向微博、论坛、微信等平台延伸，两天舆情声量高达17244条。28日，随着媒体关注度相对减少，事件舆情关注冷却，中央政府的迅速处置对舆情走势起了巨大作用。总的来看，网友观点主要集中在要求追责相关责任部门及责任人，呼吁敦促火灾调查结果，反思火灾原因，为火灾中遇难老人祈福，抱怨养老院和政府部门不作为，对国家养老制度建设寄予希望等几个方面。

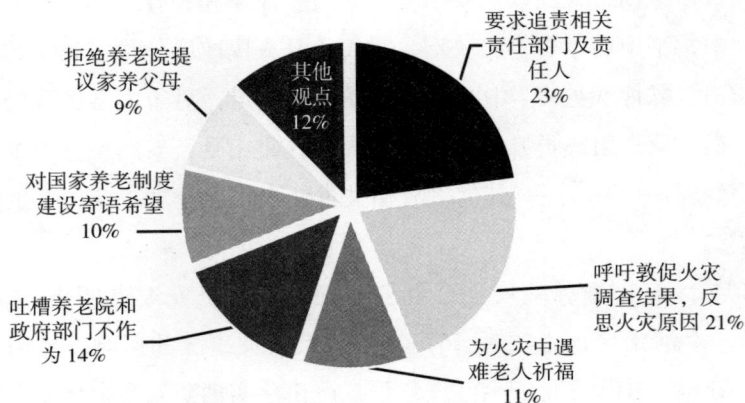

数据来源：乐思网络舆情监测系统。

4. 善后处理

6 月 16 日下午，平顶山鲁山县政府做出决定，对遇难者家属作出死亡赔偿：不分城镇或农村户口，每位遇难者含丧葬费、死亡补偿费等一次性赔偿 50 万元。

6 月 17 日，鲁山县"5·25"火灾遇难者善后工作基本完成，当地政府对遇难者家属作出的死亡赔偿金全部支付到位，遇难者遗体火化及安葬完毕。对于该笔赔偿款，有家属表示将考虑捐给养老慈善事业。遇难者家属汤铁利，在接受记者采访时说："拿到的这笔补偿款，我们并不愿意留为己用，也不想其他老人发生类似的遭遇。所以我们考虑将其捐给养老慈善事业，让这部分钱用得有意义，更希望老人们能安享晚年。"

5. 责任追究

10 月 15 日，国务院批复河南平顶山"5·25"特别重大火灾事故调查报告，鲁山县康乐园老年公寓法定代表人、院长范花枝，鲁山县通达卷闸门彩钢瓦门店个体老板冯春杰等 7 人，因涉嫌重大责任事故罪被批准逮捕；鲁山县民政局原党组副书记、局长刘大钢，鲁山县民政局城福股原股长铁九伟等 3 人，因涉嫌滥用职权罪被批准逮捕；鲁山县公安消防队原大队长梁凯等 20 人，因涉嫌玩忽职守罪被采取措施；鲁山县卫生局原副局长贺文卿，因涉嫌行贿罪被取保候审。同时，国务院同意调查报告提出的责任人和责任单位的行政处理建议，对平顶山市市长张国伟、河南省民政厅厅长冯昕、鲁山县县委书记李留军以及河南省公安消防总队党委常委、防火监督部部长韩建平等 27 名地方党委、政府及有关部门工作人员给予相应党纪、政纪处分；责成河南省政府向国务院作出深刻检查，责成平顶山市委向河南省委作出深刻检查，河南省纪委对平顶山市委主要负责同志进行诚勉谈话，河南省政府主要负责同志约谈平顶山市政府主要负责同志。

同日，民政部、公安部联合召开视频会议，并出台《社会福利机构消防安全管理十项规定》，要求深刻吸取"5·25"河南鲁山康乐园老年公寓火灾教训，在全国开展为期一年的社会福利机构消防安全检查。

2016 年 4 月 21 日，河南省鲁山县人民法院依法公开开庭审理范花枝等 6 人涉嫌犯重大责任事故罪一案。这 6 名被告分别是鲁山县康乐园老年公寓的管理人员范花枝、刘秧、马爱卿、孔繁阳、翟会廷和失火彩钢瓦房的建筑商冯春杰。鲁山县人民检察院指控，2013 年 3 月，为扩大老年公寓规模，范花枝与被告人冯春杰达成协议，由冯春杰以包工包料的方式为该公寓建设彩钢瓦房。冯春杰在明知自己没有建筑资质的情况下，违规使用易燃芯材的彩钢板进行建设。6 名被告人对犯罪事实无异议，认罪悔罪。被告人亲属、被害人亲属代表、部分人大代表、政协委员、新闻记者及社会各界群众等 300 余人参加了旁听。该案将择期宣判。

另据了解，本次事故中涉及的国家工作人员涉嫌渎职犯罪等案件也将陆续开庭审理。

三、案例分析

1. 事故的直接原因

一是康乐园老年公寓不能自理区西北角房间西墙及其对应吊顶内，给电视机供电的电器线路接触不良发热，高温引燃周围的电线绝缘层、聚苯乙烯泡沫、吊顶木龙骨等易燃可燃材料，造成火灾。

二是建筑物大量使用聚苯乙烯夹芯彩钢板（聚苯乙烯夹芯材料燃烧的滴落物具有引燃性），且吊顶空间整体贯通，加剧火势迅速蔓延并猛烈燃烧，导致整体建筑短时间内垮塌损毁。

三是不能自理区老人无自主活动能力，无法及时自救从而造成重大人员伤亡。

2. 事故的间接原因

一是康乐园老年公寓违规建设运营，管理不规范，安全隐患长期存在。主要表现在：发生火灾的建筑没有经过规划、立项、设计、审批、验收等程序；在建设过程中使用无资质施工队，并违规使用聚苯乙烯夹芯彩钢板、不合格电器电线等；未按照国家强制性行业标准《老年人建筑设计规范》要求在床头设置呼叫对讲系统，不能自理区配置护工不足。

二是地方民政部门违规审批许可，行业监管不到位。康乐园老年公寓于 2010 年 12 月 14 日取得平顶山市民政局核发的《社会福利机构设置批准证书》，2012 年 11 月 20 日取得鲁山县民政局核发的《民办非企业单位登记证书》，2014 年 1 月 1 日取得鲁山县民政局核发的《养老机构设立许可证》。康乐园老年公寓在取得资质的五年间，鲁山县民政局每半年对康乐园老年公寓检查一次，不但没有发现其使用违规彩钢板扩建经营、安全组织管理缺失等问题，而且在康乐园老年公寓未提供建设、消防、卫生防疫等部门的验收报告和审查意见书原件的情况下，违规通过了康乐园老年公寓审查（2010 年 11 月）。2013 年 12 月，鲁山县民政局未按照相关审批程序和安全排查规定，违规给康乐园老年公寓换发了许可证。

三是地方公安消防部门落实消防法规政策不到位，消防监管不力。自康乐园老年公寓注册以来，鲁山县公安消防大队从未对其进行过检查，对康乐园老年公寓的有关信息掌握不准，还错将二级消防安全重点管理单位的康乐园老年公寓列为三级管理。

四是地方国土、规划、建设部门执法监督工作不力，履行职责不到位；地方政府安全生产属地责任落实不到位。康乐园养老院的墙外有一个加油站。根据该加油站公示的《成品油零售经营批准证书》显示，批准时间为2010年8月，而养老院的《社会福利机构设置批准证书》的发证时间为2010年12月。也就是说，先有的加油站，而养老院在其后获得审批。按照国家规范要求，加油站选址距离重要公共建筑物的安全距离为50米，养老院属于重要公共建筑物，按照规定，不可能获得《社会福利机构设置批准证书》。也就是说，在明显违规的状况下，康乐园养老院还是被批准开办营业。

四、启示借鉴

1. 政府对公共服务机构的监管要到位

中国人口基数大，养老需求巨大，单靠政府公办是无法解决的，民办养老院是可行的现实途径。养老机构不一定都要政府来办，但一定要政府来管好，政府对养老院等公共服务机构有不可推卸的监管责任。

养老院属于公共服务机构范畴，所谓公共服务，顾名思义就是服务于社会公众。公共服务的内容与社会绝大多数人的衣食住行密切相关。如果公共服务的质量达不到标准，或者被利益等其他因素左右，那么将会埋下十分严重的隐患，一旦出现问题就可能直接危及很多人的生命。

养老院属于公共建筑，无论是建筑安全还是消防安全，都应该比普通建筑要求更高，过关更难，检查更严。但鲁山康乐园养老院起火的建筑从2013年违规建成运营后，却一直处于无人监管的状态，早在2013年，公安部消防局曾组织过全国集中开展违章彩钢板建筑的专项整治行动，鲁山康乐园养老院竟然蒙混过关，重重安全隐患之下，还住进多位不能自理的老人，危如累卵的养老院一直"证件齐全"地经营。更讽刺的是，鲁山康乐园养老院，还曾被当做社会保障政绩写进鲁山县2014年政府工作报告，这种窘境正是政府作为不够、监管不到位的后果。鲁山养老院火灾暴露的是：不合格的公共服务，多个政府部门的监管缺失难辞其咎：民政部门的行业监管不到位；公安消防部门的消防监管不力；国土、规划、建设部门执法监督不力；地方政府安全生产属地责任落实不到位等等。

政府在监管方面，应主要做好几方面工作：

一是完善和落实养老院等社会公共服务的政策。建立和完善现代公共财政制度，建立规范的财政供养制度，明确民办养老院在国家财政资金支持方面的政策，并加强政策的落实。以北京为例，2008年，北京市民政局《关于资助街道乡镇养老服务机构建设的通知》明确了对新建、扩建的乡镇（地区办事处）养老服务机构的资助办法。2009年，《北京市给予社会力量兴办养老服务机构建设资金支持试点单位征集文件》中提到，对符合条件的社会力量兴办的养老机构，按照养老机构类型、建设方式给予不同标准的一次性建设资金支持：新建、扩建护养型养老机构每张床资助16000元，非护养型养老机构每张床资助13000元；利用其他设施改建的护养型养老机构每张床资助10000元，非护养型养老机构每张床资助8000元。但是在实际运行中，民办养老院很难获得这一政策性资金的支持。所以，政府要明确公立、民办养老院的权力、义务和责任。

二是建立多层次、多主体参与的现代监管体系。强化政府监管职能，形成包括完善的法律环境、专业化的行业监管机构、多种行业自律组织、多级消费者权益保护组织、多渠道的传媒和公众监督在内的现代监管体系。在由政府部门提供公共服务的领域加强"政府内监管"，改变政府部门自己制定政策、自己执行政策、自我进行评估的格局。公共服务领域的监管体系建设，应该纳入我国行政管理体制改革的总体安排之中。政府要公平对待参与市场交易的各种市场主体，对公立养老院和民办养老院一视同仁；政府要确保监管内容清楚，监管程序完善，监管过程透明。养老院的建筑质量、养老服务、食品安全等要进行全面的监管；政府要保证监管人员队伍的专业水平和专业能力，杜绝再出现鲁山县派出所公安人员兼职消防检查的情况；政府要对监管者实施监管和考核，追究相关责任，严格执行问责机制是政府管理体制改革和监管体系建设的核心任务，也是建立依法行政的现代行政管理体制的基本要求。

2. 养老院自身安全意识和安全制度亟待加强

对于养老机构本身，安全是永远应该放在第一位的，包括建筑安全、设备设施安全、水电等能源使用安全、医疗安全等。我国养老机构从管理层到工作人员，安全风险意识整体比较差。民政部养老服务业专家委员会委员、北京吉利大学健康产业学院院长认为，整个养老行业风险意识都很欠缺，她建议养老机构应向国外学习如何提高安全意识，比如每隔几个月做次安全培训，并进行实战演练，"包括院长、护工、财务在内的所有人都应该参加"。同时，养老院本身的安全制度也要进一步加强。应该按照自理能力，将老人分区管理，并相应考虑逃生问题，将失能老人安排在低楼层、靠近逃生通道的地方。养老机构通过验收只是第一步，在正常运营中，应有应急预案、培训教育等。要严格落实民政部《社会福利机构消防安全管理十项规定》（以下简称《规定》）要求，社会福利机构应当安排专人进行每日防火巡查，养老机构还应当组织夜间防火巡查，且不应少于两次。《规定》还要求设有消防控制室的社会福利机构，工作人员应当持有消防行业特有工种职业资格证书，实行每日 24 小时专人值班制度，每班不少于两人。

五、案例附录

国务院安委会办公室关于河南平顶山"5·25"特别重大火灾事故情况的通报

安委办明电〔2015〕13号

各省、自治区、直辖市及新疆生产建设兵团安全生产委员会，国务院安委会有关成员单位：

5月25日，河南省平顶山市鲁山县康乐园老年公寓发生火灾事故，造成38人死亡、6人受伤。事故暴露出生产经营单位违规采用易燃可燃材料为芯材的彩钢板，建筑耐火等级低；项目建设、设计不符合相关要求，安全疏散通道狭窄拥挤；安全管理存在漏洞，用火用电管理不规范，隐患排查治理不及时，应急处置能力不足；地方政府和相关部门监管责任不落实、监管措施不到位等问题。党中央、国务院高度重视，习近平总书记、李克强总理等党中央、国务院领导同志作出重要批示，强调必须始终高度重视人民群众生命财产安全，必须绷紧安全工作这根弦，切实把安全生产责任制落到实处，采取有力措施，加强安全管理，彻底排查隐患，坚决防范和遏制各类安全事故发生。为认真贯彻落实党中央、国务院领导同志重要批示精神，深刻吸取事故教训，进一步做好消防安全等工作，现提出如下要求：

一、认真学习贯彻党中央、国务院领导同志重要批示精神，强化安全红线意识。各地区、各有关部门和单位要认真学习、深刻领会习近平总书记、李克强总理等党中央、国务院领导同志重要批示精神，进一步统一思想、认识和行动，强化安全红线意识，把保护人民群众生命财产安全作为首要职责，时刻绷紧安全生产这根弦。要清醒认识当前安全生产形势，对消防安全等工作进行再部署、再落实，坚持"四不两直"暗查暗访，对重大隐患和非法违法行为"零容忍"，推动生产经营单位追求"零死亡"的理念和目标，全面抓好各项安全措施落实。

二、严格落实消防安全责任制，加强消防安全管理和监督。各地区、各有关部门和单位要进一步强化责任意识和担当精神，加大消防安全管理和监督力度，强化消防工作考核，进一步推动地方政府属地监管责任、部门行业监管责任、生产经营单位主体责任等消防安全责任制的落实。有关部门要按照"管行业必须管安全、管业务必须管安全、管生产经营必须管安全"的要求，认真履行安全管理职责，严格消防审核验收，深化消防安全"网格化"和重点单位"户籍化"管理，推动健全消防安全治理体系。要加强对重点单位的日常消防监督检查，督促落实消防安全主体责任，强化安全防范措施。

三、集中开展消防安全专项检查，及时消除火灾隐患。各地区要立即组织公安、民政、教育、卫生、安全监管等部门，部署开展人员密集场所消防安全专项检查工作，以老年人、儿童、婴幼儿、残疾人聚集的养老院、福利院、救助管理机构、小学、幼儿园、托儿所、医院等为重点对象，以建筑材料、电气线路、疏散通道、灭火设施等为重点内容，集中开展消防隐患大排查大整治。同时，加强对"三合一"和"多合一"场所、高层建筑和地下空间、城乡接合部、城中村、出租屋等重点场所的消防安全监管，继续深入开展劳动密集型企业消防安全专项治理。要把隐患当作事故来对待，从严从实排查整治消防安全隐患，做到数据没有虚假、责任没有空缺、工作不走形式、整改不走过场。

四、严格消防执法，严禁违规使用聚苯乙烯、聚氨酯泡沫塑料等材料。各地区、各有关部门和单位要认真贯彻落实《安全生产法》《消防法》，强化消防安全监管执法，针对聚苯乙烯、聚氨酯泡沫塑料极易燃烧且会产生有毒气体的特性，集中开展公众聚集场所使用聚苯乙烯、聚氨酯泡沫塑料作为装修装饰和保温材料的专项整治。对未经消防验收、违规使用易燃可燃材料彩钢板搭建建筑、违规使用聚苯乙烯或聚氨酯泡沫塑料作墙体保温层的，要一律停业整顿；对违规设置影响消防通道、安全出口障碍物的，要一律强制拆除；对私拉乱接电气线路、不按规定配备消防器材设施的，要一律依法依规从严处罚，并严肃追究单位责任人的责任。

五、认真查处消防火灾事故，严肃追究责任。各地区要按照"四不放过"和"科学严谨、依法依规、实事求是、注重实效"的原则，认真查处每一起消防火灾事故，依法依规严肃追究责任。要严格执行事故查处挂牌督办制度，地方政府安委会要对下级开展的消防火灾事故调查处理落实情况进行挂牌督办、审核把关，对性质恶劣、影响严重的典型事故，要实行提级调查。所有事故都要在规定时限内查处结案，并及时向社会公布查处结果。要认真分析典型消防火灾事故案例，针对暴露出的突出问题，采取切实有效防范措施，严防类似事故重复发生。

六、举一反三，强化其他重点行业领域安全风险防控。各地区、各有关部门和单位要举一反三，结合正在开展的煤矿隐患排查治理行动、油气输送管道隐患整改攻坚战、客车驾驶员发车前安全承诺宣誓活动、"安全带—生命带"专项行动，全面强化矿山、石油化工、粉尘、建筑施工、道路交通等重点行业领域安全风险防控。要针对汛期安全生产特点，进一步加强矿山、尾矿库、危险化学品、建筑施工、水上交通、海上渔业等重点行业领域安全监管，深入排查治理各类事故隐患，强化落实安全防范措施，严防自然灾害引发生产安全事故。

国务院安委会办公室
2015 年 5 月 28 日

参考文献

1. 专栏佚名：《鲁山养老院火灾谁之殇》,《消防界（电子版）》2015 年第 2 期。

2. 潘奕婷：《河南鲁山养老院火灾 36 人遇难》,《中华灾害救援医学》2015 年 6 月。

3. 胡印斌：《谁将鲁山养老院架在火上烧烤》,《安全与健康》2015 年 7 月。

4. 社论：《鲁山火灾"烧"出民办养老院短板》,《安全与健康》2015 年 7 月。

5.《养老设施建筑设计规范　GB50867-2013》, 中国建筑工业出版社 2013 年版。

6. 中国新闻周刊：《鲁山养老院大火之后》, http：//news. inewsweek. cn/ detail-1800. html。

7. 网易河南：《河南鲁山养老院致 39 人死大火 58 名责任人被处理》, http：//henan. 163. com/15/1015/08/B5V2ED9E02270ILI. html。

8. 新浪网：《鲁山养老院大火追踪：当地官员称养老是无解命题》, http：// news. sina. com. cn/c/sd/2015-06-09/023931927790. shtml。

9. 凤凰网：《鲁山 "5·25" 重大火灾事故案开庭》, http：//news. ifeng. com/ a/20160421/48539973_0. shtml。

10. 腾讯视频：《焦点访谈：河南鲁山养老院重大火灾事故全调查》, http：// v. qq. com/cover/w/wt0j27w603b05e1. html?vid=z00188eait7。

11. 乐思软件：《河南鲁山养老院火灾舆情分析》, http：//www. knowlesys. cn/wp/article/9184。

（王君、刘明　编写）

天津港"8·12"特大火灾爆炸事故

2015 年 8 月 12 日晚，位于天津市滨海新区天津港的瑞海公司危险品仓库发生火灾爆炸事故，造成 165 人遇难、8 人失踪、798 人受伤，直接经济损失 68.66 亿元。事故搅动了舆论场，让天津成为国内外关注的焦点，也让天津成为舆论批评和质疑的靶子："一座没有新闻的城市"旧话重提，灭火指挥科学性和消防员编制之争不可开交，危化品威胁、瑞海公司黑幕等谣言满天飞……痛定思痛，避免类似的悲剧重演，必须树立底线思维，牢记血的教训，守住发展绝不能以牺牲人的生命为代价的红线，必须树立治理思维，完善治理体系，通过依法治理、风险治理等破解监管失灵，通过系统治理破解"化工围城"，必须树立全媒思维，提高舆论危机处置能力。

一、案例始末

1. 惊"天"大爆炸

8 月 12 日 22 时 50 分左右，天津滨海新区瑞海国际物流有限公司（以下称"瑞海公司"）危险品仓库发生火灾。23 时 30 分左右，现场发生爆炸，火光冲天，浓烟滚滚，腾起巨大蘑菇云，方圆数公里均有震感。

国家地震台网记录，此次事故共有两次爆炸，第一次爆炸发生在8月12日23时34分6秒，第二次爆炸发生在23时34分37秒，间隔仅30秒。有人估算，第二次爆炸的能量相当于21吨TNT炸药，能够将集装箱掀飞至数百米外。在距离爆炸中心500米外的海关大楼内，爆炸产生的强烈冲击波震飞了建筑外层的窗户，锋利的玻璃碎片直直插入了水泥墙体。事故中心附近，五六家物流公司则全部被炸毁。附近多个小区居民称受冲击波影响导致门窗破裂，站在外面，时常能听到玻璃掉在地上的声音。8月13日早上，赶到爆炸现场附近的记者称，周围空气很刺鼻，眼睛不停流泪，戴了口罩也没有用。

事故发生后，党中央、国务院高度重视。习近平总书记、李克强总理立即作出重要指示和批示，要求天津市组织强有力的力量，全力救治伤员，搜救失踪人员。国务院速派工作组前往指导救援和事故处理。8月14日16时40分，现场明火被扑灭。

8月15日，习近平总书记再次作出重要指示，天津港爆炸事故以及近期一些地方接二连三发生的重大安全生产事故，再次暴露出安全生产领域存在突出问题、面临形势严峻。血的教训极其深刻，必须牢牢记取。

8月16日下午，李克强总理赶赴事故现场，看望慰问消防队员、救援官兵和伤员及受灾群众，并就下一步救援救治、善后处置和安全生产工作作出部署。

8月20日上午，习近平主持召开中央政治局常委会会议，专题听取国务院工作组关于天津港爆炸事故抢险救援和应急处置情况汇报，就做好下一步工作作出部署。会议强调，血的教训极其深刻。要继续全力搜救遇险人员，千方百计救治伤员，有序进行现场清理，加强环境监测，做好善后处置工作，加强信息发布和舆论工作，彻查事故责任并严肃追责。会议要求，要把抢救生命放在首位，绝不放弃任何一个失联人员。要按照及时、准确、公开、透明的原则，主动发布事故及其处置准确权威信息，积极回应群众关切。国务院事故调查组要查清事故原因，查明事故性质和责任，不放过一丝疑点，不论涉及谁都要一查到底，依法依规严肃追责，对涉及玩忽职守、失职渎职、违法违规的绝不姑息，给社会一个负责任的交代。

2."一座没有新闻的城市"

（1）津媒"失声"？

此次火灾爆炸事故报道，首发于微博。传统媒体中，《解放日报》《人民日报》率先介入报道。《人民日报》、央视新闻、人民网、澎湃新闻等主流媒体及其所办新媒体账号，成为此事故信息的主要汇集窗口。因事故现场有二次爆炸的危险被封闭戒严，在灾情信息需求之下，人民网、央视、财新等多家媒体甚至运用了无人机航拍爆炸现场，传递回了极为震撼而直观的视频、图像资料。

灾难救援之际，天津一夜之间成了境内外媒体的关注焦点。围绕这起灾难事件的报道，有文章直指天津几大媒体"失声"状态，并引述 2012 年的一篇文章《天津，一座没有新闻的城市?》，质疑天津几大媒体在"塘沽爆炸事故"之际"装睡"。微博网友指出，在全球媒体聚焦天津爆炸时，天津电视台竟在放韩剧。也有人持不同看法称，8 月 13 日出版的《天津日报》《城市快报》《每日新报》《今晚报》等媒体均于头版呈现了此次事故。天津卫视也发声明称："为了沉痛悼念天津滨海新区爆炸事件中遇难者，天津卫视原定于本周四播出的《宝贝你好》《爱情保卫战》、周五播出的《爱的正能量》以及部分商业广告将暂停播出。"

8 月 13 日，天津港爆炸出现在国际主流媒体头条。美国有线电视新闻网（CNN）、《纽约时报》、福克斯新闻，英国广播公司（BBC）、路透社、《卫报》《每日电讯报》，日本共同社、《读卖新闻》《每日新闻》，卡塔尔《半岛电视台》，《澳大利亚人报》等国际主流媒体均对此次爆炸事件进行了重点报道。

8月13日上午，一段"CNN记者现场直播，强制被删"的视频在社交网络热传。美国CNN记者在爆炸事件后赶到当地医院进行直播，仅持续一分多钟左右后被多名中国男子阻拦，拍摄被迫中断。CNN先是在推特上称，直播被"官员"打断，但当天中午发表更正声明称，"CNN记者在现场直播中被情绪激动的遇难者和伤者家属和朋友打断"，并非"遭遇行政人员阻拦"。

天津市委宣传部副部长、市政府新闻办主任龚建生针对此事作出说明。他说，今天上午在泰达医院，有CNN记者在采访中受到干扰。对此，CNN方面已经作出澄清，是伤员家属与记者之间发生摩擦，不是政府工作人员。龚建生说，对个别市民因为情绪激动出现的不当行为，我们表示遗憾。我们一直坚持善待媒体的原则，尽可能创造条件，为媒体记者的采访活动提供便利，保障记者合法正常采访，这一点请各位媒体记者放心。

（2）新闻发布会走过场？

8月13日下午16:30，天津港爆炸事故首场新闻发布会举行。此后陆续召开多场发布会，截至8月23日，共召开14场发布会。

发布会受到国内外广泛关注，但也引发诸多不满和质疑。特别是前6场，一直不见天津市分管安全生产的副市长出现。媒体梳理称，6场发布会最长时间约为一个小时，最短时间则仅有12分33秒。发布会中给记者提问环节大部分在8分钟以下，最短不足5分钟。在6场发布会中，记者提问超过60个，其中过半问题未能当场得到答案。为何爆炸4小时后才发布信息？为何不直播发布会记者提问环节？涉事企业如何通过安评及环评？为何不公布所有单位失联信息？"方圆三公里撤离"的不实信息为何5小时后才辟谣？对于诸如此类的问题，官方均未予以回应或正面回应。关于爆炸现场是否存在700吨氰化物，从第一场发布会开始，一直是提问焦点。但是，第一场、第四场、第五场发布会上，天津官方的回复是"对此事不太了解""很快就有明确答复"。公众获知的信息与官方发布的信息出现严重不对称。

　　8月16日，李克强总理赶赴事故现场，明确要求公开透明、权威充分地发布相关信息，及时回应社会关切，让群众第一时间了解实情。

　　8月17日上午，第七场发布会召开。跟前六场发布会相比，第七场发布会有了明显变化。天津市领导首次露面，分管安全生产的副市长何树山主动解释了前六场发布会没露面的原因，"按照指挥部的安排，由我来全权负责危化品的处置"。关于是否存在700吨氰化物等公众关注的焦点问题，在第七场发布会上也有了准信儿，何树山披露了氰化物的具体数量，"我们现在目前看基本上是700吨左右。大部分经过我们现在的搜寻，还集中在核心区，就是0.1平方公里的范围内"。同时，第七场发布会直播了记者提问环节。

　　但也有媒体指出，虽然开了7场发布会，但仍有一些焦点问题没有解答：危险品仓库1公里内为何有居民区？瑞海公司背景强大"水很深"？天津港领导为何一直没露面？用水灭火处置不当引发爆炸？

3."逆行者"

（1）"最帅的逆行"

　　公安部消防局副局长杜兰萍说，此次爆炸是新中国成立以来，消防官兵伤亡最为惨重的事件。事故发生后，现场群众向外撤离，但却有一批人义无反顾地奔往现场，他们就是勇敢的消防官兵。据介绍，爆炸后24小时的救援行动中，就有46个消防中队、151部消防车、1台无人机、1000余名消防官兵参战。

　　虽然损失惨重，但官兵们表现得非常英勇顽强：有的战士在进入火场前向战友"托孤"，说假若自己回不来"我爸就是你爸"；还有的战士新婚仅仅12天，就牺牲在救援一线。

　　8月13日上午，微博网友@妖妖小精发布了一幅名为"世界上最帅的逆行"的图片，让无数网友泪奔。图片中，漫长的通道里，形形色色的普通人带着惊慌匆匆向外奔跑出来，而一个身穿橘黄色消防服的人却步履坚定地相向而行，朝里而去，只留下一个橘黄色的背影。

@ 妖妖小精: 世界上最帅的逆行

图片来源:网络。

　　截至 8 月 13 日 12 时 28 分,这幅图片阅读量就达到 650.8 万,转发 507631 次,评论达到 36264 次,点赞达 162196 次。这条微博后面长达 1000 多页的评论中,绝大多数都是为这些年轻又无畏的生命点赞:

　　"向英雄致敬。"

　　"心疼,希望你们平安。"

　　"和平年代最危险也最可敬的兵种。"

　　"家里的菜凉了,等着你回来热。早点回来。"

　　"这不是电影,没有特技没有起死回生。牺牲自己的生命,是为了更多的生命。"

　　"有时候想起,竟已经是同龄人。祈祷平安。最美的逆行。"

　　"记得去年还是什么时候看过一次感动中国,也是消防员牺牲,然后遗体被抬出来,外面等候的消防队就开始痛哭,然后队长喊了一声给兄弟跪下,然后大家都脱帽跪着哭,哭完了第二梯队又冲进去继续救火。"

　　……

（2）"BurnDown 原则"

向英雄致敬的同时，也有人提出消防员对灾情估计不足、不该进场的质疑，还有人质疑指挥灭火不当导致消防员无辜牺牲。有网友发文："真是残忍，把这些穿着消防员制服的孩子往火场送，也完全不知道用无人机或者遥感来评估风险。喊了多少年消防员应该职业化而不是军事化，一点用都没，这是人命啊。"

一个以"科普"面貌出现、传播甚广，但随后引发广泛争议的观点称，国际通用的是"BurnDown 原则"。相关帖文称，"BurnDown 原则"系国际上通用的处理大规模化学品爆炸原则，即画出隔离带、人员撤离，等里面烧完了炸完了再进去处理。化学品发生二次爆炸的可能性非常高，消防员立刻进去结果就是白白送死。

8 月 14 日，凤凰新闻客户端主笔唐驳虎发表文章《来，burndowner 我给你讲讲啥是 burndown》，文章列举详细的证据称，在谷歌上，不会查到任何关于所谓"burndown 原则"的真正资料，不仅没有任何关于这东西的中英文学术文章，更没有专业文献；甚至连英文网页中都没有出现过 burndown 用于表达这种灭火原则的用法。尽管实践中存在化工物爆炸、等其烧完再处理的先例，但"Burn Down 原则"并不存在。

8 月 20 日，针对有人讨论这次灭火指挥是不是科学的问题，天津市公安局消防局长周天认为，"不能坐而论道。"这次事故有极大的突发性和偶然性，这么多的危化品、这样大的波击面，属于事故中的特殊，想让消防人员在如此紧急的情况搞清，不现实。他说，截至 19 日 9 时，确认消防人员共牺牲 53 人，失联 49 人。伤亡这么多消防员，战友们心里无比难受，但消防队员们顾不上悲伤，仍然含泪坚守岗位。希望公共舆论空间的讨论一定要理性、专业。"这个当口，不要在流血的伤口上撒盐了。""谁不知道危险，但国家需要、人民需要的时候，我们不挺身而出，谁挺身而出？"

2016 年 2 月 5 日，事故调查组在答记者问中表示，消防员初期响应是及时的、行动是迅速的，避免了更大的人员伤亡，消防员用水灭火导致加剧爆炸的说法是不成立的。

（3）"英雄没有编外"

8月13日，官方新闻发布会介绍，8月12日22时50分，天津消防119指挥中心接到报警后，天津消防调派力量赶赴现场；23时06分第一批灭火力量到场，发现多个集装箱起火，属于猛烈燃烧阶段，天津港公安局消防支队正在先期处置；23时16分左右，其余力量陆续到场；23时30分，现场发生接连爆炸。

8月14日，媒体质疑，事故发生时，编制并不属于中国消防系统的天津港公安局消防支队三支队伍，先于公安消防官兵抵达现场救火，目前多人仍处于失联状态。但爆炸发生后，他们的伤亡情况暂未被当地官方提及。

因历史体制原因，天津港公安局并不隶属公安部门，而是交通部公安局的派出机构，其组建的消防支队，也与公安消防并非一个系统，实际由国企天津港出资发放薪水。

8月15日，第四场发布会现场一度出现混乱，有情绪激动的消防员家属企图撞门入内，并在发布会门外哭闹。家属们的诉求主要是希望知道孩子们在哪里、情况怎么样、生还几率多大。家属们希望了解失联人员整体的情况，到底多少消防员失联、多少消防员受伤。有家属质问：为什么网上贴出的消防英雄都是有编制的消防员，而我们这些合同制的不能得到同样的待遇。

截至8月16日上午9时，"8·12"事故发生后，共发现遇难者遗体112具，其中已确定身份人员有24人，尚有88人正在确定身份之中。至于各方报告的失踪人员为95人，其中消防人员就占到85人。在失踪的85名消防人员中，现役公安消防人员有13人，隶属于天津港的消防人员有72人，其他人员10人。

8月16日下午，国务院总理李克强在天津滨海新区临时灵堂，向"8·12"火灾爆炸事故中牺牲的消防人员默哀并三鞠躬时表示，"英雄没有编外"，牺牲的现役和非现役的消防人员履行同样的职责，应该一视同仁地对待，让他们得到同样的抚恤和荣誉。他强调，在这一次的事故中，牺牲最惨重的是消防员，这是此前没有想到，也没有预料到的情况，"他们不仅有消防官兵，还有我们消防企业的职业工人，他们都是经过培训的，他们同样都是我们的英雄"。

4. 谣言满天飞

事故发生后，网络谣言随之滋生，小道消息满天飞，有的甚至刷爆微博和微信朋友圈。一些网站、微博账号、微信公众号编造、散布"有毒气体已向北京方向扩散""方圆一公里无活口""商场超市被抢"等谣言，制造恐慌情绪。还有人谎称亲属在爆炸中身亡，以"救灾求助"为名传播诈骗信息、谋取钱财。一些"网络大 V"也不甘寂寞。

《人民日报》先后梳理了 27 条不实传闻，如"方圆两公里内人员全部撤离""700 吨氰化钠泄漏毒死全中国人""爆炸企业负责人是副市长之子"、有害气体可能影响北京、天津市发布空气污染预警、8 岁孩子急需 Rh 阴性血、《天津日报》没有头版等，并通过报纸、网站、"两微一端"发布事实真相，倡议不造谣、不传谣，"灾难面前，不传谣不造谣也是对逝者的最大尊重。""不造谣、不传谣、不信谣，传播真相，也是对救援工作的支持。"谣言传播最终慢慢冷却下来。

5. 起底瑞海公司

瑞海公司官网显示，公司是天津海事局指定危险货物监装场站和天津交委港口危险货物作业许可单位，曾多次进行危化品事故演练和隐患排查，最近一次是 2014 年 8 月，公安部门对该企业进行了多方面检查。另据报道，瑞海公司短短两年多时间，便在央企把持的天津港危化产业中异军突起，成为 3 家具有七类危险品存储资质的物流企业中唯一的民企。

事故发生后，关于瑞海公司的背景，以及高危化学品堆场在距离居民区和高速、轻轨等公共设施如此之近的情况下，如何获得安评和环评，令舆论质疑。

多家媒体追踪起底瑞海公司背后的"隐形股东"，发现天津港公安局原局长之子董社轩是股东之一，而且可能还有其他"红顶股东"。

8月13日上午，瑞海公司董事长于学伟、副董事长董社轩等10人被警方控制。但坊间仍充斥着关于瑞海公司背景的各种传闻。一则题为《网曝天津爆炸公司总裁背景果然这么深厚》的文章在网上疯传。8月14日下午，天津警方辟谣，称"经过调查核实，此信息系肆意编造的谣言"。

8月13日夜间，称瑞海公司总经理只峰与天津市原副市长只升华是"父子"关系的传言在网上炒得沸沸扬扬。8月14日上午，爆炸事故第二场新闻发布会快要结束时，现场记者向台上喊话："只峰是谁？"发言人未做回答，便匆匆离场。8月15日，天津市委宣传部副部长龚建生辟谣说：只升华只有一个女儿，只峰与其无任何关系。

还有媒体称，瑞海公司与央企中化集团多有交集。8月14日，中化集团在官网发表声明，称瑞海国际"与中化集团及所属企业无任何关系"，"经查，瑞海国际确有员工过去曾经在中化集团所属企业工作过，但均早已与中化集团所属企业解除劳动关系。"

调查报告显示，瑞海公司成立于2012年11月28日，事发前法定代表人、总经理为只峰，实际控制人为于学伟和董社轩。除董社轩外，该公司人员的亲属中无担任领导职务的公务人员。事发前，瑞海公司危险品仓库内共储存危险货物7大类、111种。其中，运抵区内共储存危险货物72种、4840.42吨，包括硝酸铵800吨、氰化钠360吨。

报告认定，瑞海公司违法违规经营和储存危险货物，安全管理极其混乱，未履行安全生产主体责任，致使大量安全隐患长期存在。按照有关法律法规，在港区内从事危险货物仓储业务经营的企业，必须同时取得《港口经营许可证》和《港口危险货物作业附证》。但瑞海公司在2015年6月23日取得上述两证前的两年多时间里，除2013年4月8日至2014年1月11日、2014年4月16日至10月16日期间，依天津市交通运输和港口管理局的相关批复经营外，2014年1月12日至4月15日、2014年10月17日至2015年6月22日共11个月的时间里既没有批复，也没有许可证，违法从事港口危险货物仓储经营业务。

6. 损失与赔偿修复

事故造成 165 人遇难（参与救援处置的公安现役消防人员 24 人、天津港消防人员 75 人、公安民警 11 人，事故企业、周边企业员工和周边居民 55 人），8 人失踪（天津港消防人员 5 人，周边企业员工、天津港消防人员家属 3 人），798 人受伤住院治疗（伤情重及较重的伤员 58 人、轻伤员 740 人），304 幢建筑物（其中，办公楼宇、厂房及仓库等单位建筑 73 幢，居民 1 类住宅 91 幢、2 类住宅 129 幢，居民公寓 11 幢）、12428 辆商品汽车、7533 个集装箱受损。

（1）经济损失

爆炸发生后，国内外分析人士对造成的整体经济损失有不同的预估。截至 2015 年 12 月 10 日，事故调查组依据《企业职工伤亡事故经济损失统计标准》（GB6721—1986）等标准和规定统计，核定直接经济损失 68.66 亿元人民币，其他损失尚需最终核定。

（2）保险

天津港爆炸事故成了 2015 年保险市场的最大赔案。有保险业内人士表示："此次赔付额或超过此前保险史上的海力士火灾案。"彭博报道（Bloomberg）估计，天津爆炸案将创国内单一事故赔付最高水平，总损失超过 100 亿。2015 年 10 月，全球第二大保险公司瑞士再保险公司（SwissRe）预测，天津爆炸案将会给公司造成 2.5 亿美元的损失（约合 16 亿人民币）。苏黎世保险公司预估爆炸将给公司造成 2.75 亿美元的损失。

由于事故涉及的车险、企财险、家财险、意外健康险、责任险、货运险六大类险种，已经出现在保险行业的统计名录上，预付赔款已在进行中。

（3）受损房屋

受损的居民房屋如何处置亦是受关注的焦点。8 月 16 日上午，上百名爆炸地点附近小区居民聚集在发布会门外，要求政府回购受损房屋。聚集的居民表示，小区距离爆炸地 800 多米，房屋安全不能保证。如今，房屋物理结构损坏严重且担心爆炸产生有毒气体，住户希望政府能够回购。

8 月 19 日下午，时任天津市委常委、滨海新区区委书记宗国英在第十场发布会上表示，政府已经宣布成立了房屋修缮服务中心，已拿出比较详细的方案。"总之，该赔的就要赔，该理的就要理。"他解释道，按照市场经济的规则，回购是发生在甲乙双方进行商业买卖合同之间。他说，房屋修缮需要有一个过程，政府将在过渡期间给受损受灾的居民一些过渡安置费。"过渡期间的费用不影响后期理赔费用。"修缮房屋的赔偿需要有专业、有资质、有群众认定的评估机构鉴定之后，拿出一个完整的方案。受损房屋的理赔需要通过市场化原则购买服务，由第三方来进行评估，然后根据第三方的评估依法赔偿。关于受损企业的赔偿，宗国英表示，根据《物权法》和《债权法》的有关要求，绝大多数企业都上了财产的保险，向保险公司理赔这是第一原则。在困难企业理赔的过程中，如果确实存在着困难，政府将义不容辞地给予救助或者是救助支持。

8 月 29 日，天津市滨海新区政府官方微博发布消息，滨海新区房屋管理局当日公布，滨海新区政府将按照市场化原则，遵照相关法律的规定，在听取各方面意见的基础上，确定受事故影响严重的小区受损住宅处置方式，一房一价。具体处置分为收购、修复赔偿和已售未交付住宅处置三种方式。

（4）汽车

中国进口汽车大约 40% 经由天津港。此次爆炸中，数千辆停放在天津港进口汽车仓储场内的新车在事故中被损毁，车企损失严重。据统计，事故中全部受损车辆超过 2.2 万辆，绝大部分是进口汽车，涉及大众、丰田、宝马等众多品牌，其中丰田数量最多，达到 4689 辆，大众 2748 辆，雷诺约 1500 辆……累计损失超过 2.1 亿元。

尽管众多车企承诺不会允许受损车辆流向市场，但有媒体调查发现，数月间，仍有部分受损车辆通过拍卖会流入市场，销售商通过与维修点合作翻新、开贸易公司发票等方式将其"洗白"，也有保险公司在赔偿车企过后，获得受损车辆的处置权，通过拍卖，减少赔偿金带来的损失。舆论炮轰黑心商人发"灾后财"涉嫌违法危害公众安全，也有批评指天津官方未做跟进调查，是二度失职。

（5）生态修复

事故对事故中心区及周边局部区域大气环境、水环境和土壤环境造成不同程度的污染。媒体报道，现场土壤污染处置成为环境修复难题。环保部城市环境管理专家组成员彭应登指出，土壤修复注定是一个漫长的过程，现场污染土的无害化处置仍非常严峻。按照以往处置经验，6—7万立方米的土壤污染需要至少2—3年才能完成修复。据估计，现场土壤污染总量或不小于8万立方米。

2016年2月5日，事故调查组负责人表示，天津渤海湾海洋环境质量未受到影响。没有因环境污染导致的人员中毒与死亡病例。目前，事故对大气环境的影响已基本消除，受污染地表水得到有效处置，事故中心区土壤和地下水正在进行分类处置与修复。对事故可能造成的中长期环境和人员健康影响，有关方面正开展持续监测评估，并采取防范措施。

7. 调查结果

2015年8月18日，经国务院批准，成立国务院天津港"8·12"瑞海公司危险品仓库特别重大火灾爆炸事故调查组（以下简称"事故调查组"），公安部、安全监管总局、监察部、交通运输部、环境保护部、全国总工会和天津市人民政府为成员单位，全面负责事故调查工作。同时，邀请最高人民检察院派员参加，并聘请爆炸、消防、刑侦、化工、环保等方面的专家参与事故调查工作。

2016年2月5日，经国务院批复，调查报告公布。调查组认定，天津港"8·12"瑞海公司危险品仓库火灾爆炸事故是一起特别重大的生产安全责任事故。事故的直接原因是：瑞海公司危险品仓库运抵区南侧集装箱内硝化棉由于湿润剂散失出现局部干燥，在高温（天气）等因素的作用下加速分解放热，积热自燃，引起相邻集装箱内的硝化棉和其他危险化学品长时间大面积燃烧，导致堆放于运抵区的硝酸铵等危险化学品发生爆炸。

调查组认定，瑞海公司严重违反有关法律法规，是造成事故发生的主体责任单位。有关地方党委、政府和部门存在有法不依、执法不严、监管不力、履职不到位等问题。

调查组对 123 名责任人员提出了处理意见。建议对 74 名责任人员给予党纪政纪处分，其中包括 5 名省部级官员，厅局级 22 人，县处级 22 人，科级及以下 25 人。截至 2015 年 12 月 10 日，公安机关对 24 名相关企业人员依法立案侦查并采取刑事强制措施（其中瑞海公司 13 人，中介和技术服务机构 11 人）。检察机关对 25 名行政监察对象立案侦查并采取刑事强制措施（其中正厅级 2 人，副厅级 7 人，处级 16 人；包括交通运输部门 9 人，海关系统 5 人，天津港（集团）有限公司 5 人，安全监管部门 4 人，规划部门 2 人）。

二、案例分析

1. 灾难从来都不只是"假想敌"

《人民日报》发表多篇评论文章，反复强调"安全第一""安全责任大于天"，呼吁政府、企业和公众同心协力，吸取血的教训，树立安全意识，避免悲剧不断上演。

8 月 13 日《人民日报》即就天津爆炸事件发声，《守住脚下的安全防线》一文指出：

虽然事故发生有一定的偶然性，但总能看出一些先兆，消除一些隐患。如果能绷紧心中的安全之弦、守住脚下的安全防线，事故肯定能更少一些、伤亡损失能更小一些。更重要的是，安全应该是跟发展并驾齐驱的。对于政府而言，安全是最应保障好的公共产品。同时，从企业到社会也都应该担负起建设"安全共同体"的责任，以全社会的共同努力，织密安全之网，筑牢安全之基。

8月14日文章《灾难从来都不只是"假想敌"》沉痛指出：

从公寓失火，到船沉江底；从踩踏事故，到"电梯吃人"，那么多惨痛的案例叠加起来，不知道可以编写成多少本教科书了，类似的悲剧，却还在一再发生。内部管理混乱、安全意识淡薄、违规违章严重、审批把关不严、监督检查不到位、安全隐患治理不力、超速超员、疲劳驾驶、开车接打手机、关闭动态监控系统……翻检国务院安委办关于重大事故的历次通报，诸如此类的原因分析屡见不鲜。人们似乎总要到灾难发生之后，才在震惊中匆匆"复习"过往的教训，却总是将提前的"预习"彻底忘在了脑后。

文章呼吁：

我们每一个人都树立起这样的意识：把灾难的代价预支为安全的成本，进而固化为生命的本能。

8月18日，针对瑞海公司危险品仓库未按国家规定与居民小区保持至少1000米的安全距离，《人民日报》发表评论《什么都比不上"安全第一"》：

很多时候，我们并不缺乏法规、制度、监管、预案，但在"安全"这个沉重命题下，每一个环节的失守，都会给危险的下坠一个加速度。

那些法规落实、区域规划、监管检测上的漏洞，如同开在血管上的切口，触目惊心。……没有什么比 "安全第一" 更为重要。当经历了长时间的跨越式发展，来到了一个 "风险社会"，最需要的是痛定思痛，回到 "正心" 的状态。规规矩矩地照章办事，老老实实地解决问题。这样才不会让现代的风险，掩埋生命的可贵。

8月19日，事故 "头七"，《人民日报》发文《更安全是最好的祭悼》，致敬逆火而行的消防员，致哀罹难的普通人：

不必煽情，也不避感动。事故后，消防员侠骨柔肠的遗言、义无反顾的背影，让人动容。私家车主提供免费服务、志愿者在医院忙碌、献血点排起长队……褒扬这些正能量，促进 "共同体意识"，也能让每个人更为安心。

不仅是天津。同样是在8月12日，陕西山阳的山体滑坡，造成12人死亡、53人失踪。在这个 "头七"，我们一起祭奠，彰显生命的尊严，记取安全的责任。

2. 事故折射的治理困境

《人民论坛》文章称，通过天津港爆炸事故，可以发现政府治理中存在的三个明显缺陷。文章指出：

第一个明显缺陷，表现为有法不依、有规不行、法规虚设、制度空转、检查无能。从这次事故来看，危险品仓库的设置、安评、环评和处理都严重违法违规。国务院《危险化学品安全管理条例》和相关制度规定，危险化学品仓库与周边公共建筑应至少保持1000米的安全距离。但是，天津港发生火灾爆炸的危险化学品仓库周围1000米内，竟有超过5600户住户。瑞海国际物流有限公司能将距离居民区仅五六百米的普通物流仓库改造为危险化学品仓库，其背后是金钱和权力让所有的法规制度、监督检查成了"稻草人",从而注定了此次事件所酿成的悲剧和苦果。

天津港特别重大火灾爆炸事故充分证明,如果不切实推进政治体制改革,即使我们制定再多的法规制度、政策条例,其照样会在"过分集中"的权力结构和"过分落后"的选人用人体制下,成为一张无用的白纸。只有通过政治体制改革,才能"形成科学的权力结构",才能"把权力关进制度的笼子里",才能"让越过雷池半步者付出惨痛代价"。

此次爆炸事件,消防队员伤亡惨重,消防员职业化的话题再一次成为舆论焦点。在众多支持消防员职业化的声音中,也有一些不同的声音:

诚然,义务兵消防员存在流动性较大、待遇级别不高、晋升空间有限、二次就业困难、开展业务技能训练不深入等现实问题,不仅制约了消防工作和队伍建设的长远发展,也给城市安全运行和消防安全带来了一定隐忧,但是消防职业化也并非一剂万试万灵的"神药"。在我国,职业化消防队不如现役制消防队"好用"也成了略显尴尬的"共识"。深圳是最早探索消防职业化改革的城市(1984年),但职业化的"后遗症"很快出现。……消防队应当专业化这点毋庸置疑。但专业化是否能直接与职业化画上等号,还有待商榷。

针对舆论对事实真相和问责的关切和质疑,《人民日报》刊文《应对突发事件,"信任共同体"很重要》,理性呼吁公众,当救援还在进行的时候,信任最为宝贵,不要被各种"负面猜想"牵着鼻子走。文章说:

面对这场造成重大人员伤亡和财产损失的事故,中央的态度是明确而坚决的,严查严办是确定无疑的。周永康、徐才厚、郭伯雄、令计划这样的大案都要一查到底、公开处理,还有什么必要对一起安全事故有所保留和隐瞒？又怎么可能"官官相护"？想明白这一点，就会知道有些疑虑是多么没有根据、没有必要。

3. 新闻发布会为何屡生次生舆情

天津爆炸事件前六次新闻发布会的正向回应集中在伤亡通报、救援进展、危化品品类及处置的披露。而每次新闻发布会几乎都导致 4 个以上次生舆情，正向回应遭遇次生舆情覆盖，网络传播中不断生成新的质疑和吐槽，政府公信力受损。人民网舆情监测室认为，此次事件新闻发布会主要有以下四个方面的问题：

（1）直播莫名中断　全媒体时代"掩耳盗铃"

13 日首次新闻发布会的记者提问环节，央视、天津卫视均切回主持人画面，央视称直播暂停，天津卫视则播放了几首歌曲，然后开始播放连续剧，这一情况让公众大跌眼镜。而此后几次新闻发布会，记者环节均被直播中断……在信息技术已经普及到个人的全媒体时代，直播暂停对舆情把控毫无益处，不仅增加外界公众的质疑，更为不实流言创造了发酵空间。

（2）会议统筹混乱　回应提问多成搪塞推诿

历次新闻发布会参会人员均有变化，新闻发布会信源不统一，官方回应层级不统一。首场新闻发布会未见分管主政官员出席，也没有安监部门出席，因此备受诟病。此后的新闻发布会上，虽然安监部门有所回应，但按照应急管理应该出席的分管市领导却迟迟未见露面。网上质疑"副市长哪去了"的声音更趋强势。……面对重大灾难事故，需要顶格回应，这本是危机处置、舆情应对的基本法则。

……也因出席人员不断变化，发布会上"相关单位没参加这场发布会"的搪塞以及"这不是我的职责"的推诿，招致外界诸多批评。

……在这背后，也有天津港管理体制的尴尬。据媒体分析，天津港有两个"婆婆"：在行政功能上，隶属于天津市滨海新区；在港口业务上，归交通部管理；在港口安全生产监督管理方面，由交通部委托天津市安监局管理。此外，现场救援还涉及防化部队和公安消防系统。这恐怕是天津地方政府在新闻发布会上面对某些部分提问语焉不详的体制因素。但从本着对天津人民负责、给全国人民交代的角度，需要做好协调发布。

（3）"不清楚""不知道""不掌握"成回应关键词

纵览六次新闻发布会，记者提问是次生舆情发生的核心环节。"我不清楚，需要问一下同事。""我不知道""我不掌握"等成为舆情发酵关键词。8月16日第六次新闻发布会上，有记者提问谁负责统筹指挥救援，官员回应"将尽快了解情况"引爆舆论批评……可见发布会筹备中，对公众舆情发展、媒体报道情况、可能形成的提问未有预期研判和资料准备，新闻发布会未能有效掌握事故处置的多方信息。

（4）人文关怀欠缺 权责"清晰"显现处置冷漠

处置突发事件，新闻发布会并非坐定发言、起身离席如此简单，从与会者进入公众视野的第一时刻开始，新闻发布会即已经宣告开始，与会者的每一个动作、每一句话都会受到公众审视。第六次新闻发布会上，相关人员开场一句"见到大家很高兴"，虽然是常态招呼，却引起公众感情上的不满。第五场新闻发布会上，天津市公安消防局回应天津港消防支队失联队员信息"不属于管辖范围"，的确道出了权责范围的"清晰"，然而面对追问起身离席，则被公众视作事不关己的冷漠。与此同时……公众不能理解，为何官方哀悼只在遥远的会场里，而没有出现在新闻发布会上。

三、启示借鉴

1. 底线思维：发展绝不能以牺牲人的生命为代价

近年来，安全事故频发，人员伤亡和财产损失惨重：2011 年甬温线动车事故，2012 年肖家湾煤矿爆炸事故，2013 年吉林宝源丰禽业火灾爆炸事故，2014 年昆山铝粉尘爆炸事故……事故的原因错综复杂，但是每一起事故背后，都有安全发展理念的缺失，都存在"重发展，轻安全"的问题，安全生产"写在纸上"，安全监管"挂在墙上"，安全责任"喊在嘴上"。

发展是硬道理，但是没有安全的发展没有道理，不能保障人民群众生命财产安全，发展得再快也没有意义。正如习近平总书记所反复强调的：人命关天，发展绝不能以牺牲人的生命为代价。这必须作为一条不可逾越的红线。血的教训极其深刻，必须牢牢记取。公共安全连着千家万户，确保公共安全事关人民群众生命财产安全，事关改革发展稳定大局。安全生产必须警钟长鸣、常抓不懈，丝毫放松不得，否则就会给国家和人民带来不可挽回的损失。

要真正把安全作为不能触碰、不能逾越的高压线，把"红线""底线"作为守护生命安全的保护线，就要健全和落实安全责任体系。从公共安全来说，维护人民群众生命财产安全和城市运行安全，是政府法定的职责和应尽的义务。频发的事故不断警示我们，领导干部思想麻痹是城市公共安全的最大隐患，安全责任落实不力是城市公共安全的最大威胁。各级政府和领导干部必须时刻把人民群众生命财产安全放在第一位，不能有丝毫侥幸，不能有丝毫疏忽，不能有丝毫懈怠，必须以对党和人民极端负责的精神，不遗余力、竭尽全力、殚精竭虑，切实保护好人民群众生命财产安全，切实维护好城市运行安全，切实履行好党和人民赋予的神圣使命。

从生产安全来说，其一，企业要履行安全生产主体责任。习近平总书记强调：所有企业都必须认真履行安全生产主体责任，做到安全投入到位、安全培训到位、基础管理到位、应急救援到位，确保安全生产。各生产单位要强化安全生产第一意识，落实安全生产主体责任，加强安全生产基础能力建设，坚决遏制重特大安全生产事故发生。其二，政府要履行安全生产监管责任。习近平总书记指出，落实安全生产责任制，要落实行业主管部门直接监管、安全监管部门综合监管、地方政府属地监管，坚持管行业必须管安全，管业务必须管安全，管生产必须管安全，而且要党政同责、一岗双责、齐抓共管。他强调：当干部不要当得那么潇洒，要经常临事而惧，这是一种负责任的态度。要经常有睡不着觉、半夜惊醒的情况，当官当得太潇洒，准要出事。同时，要健全应急体系，提高应急救援能力。要加强安全宣传教育、安全防范培训和应急演练，提高全社会的公共安全意识和能力。

2. 治理思维：破解监管失灵

事件出来后，追究责任固然是必要的。正如习近平总书记所指出的：对责任单位和责任人要打到疼处、痛处，让他们真正痛定思痛、痛改前非，有效防止悲剧重演。造成重大损失，如果责任人照样拿高薪，拿高额奖金，还分红，那是不合理的。但是很多事件均存在"九龙治水治不好水"的现象，牵涉责任人数众多，而即使严厉追责之后，类似的事情仍然一而再、再而三地发生，生产安全领域如此，食品安全、环境安全领域亦如此，这说明我们的监管失灵了。监管为什么失灵？如何防止监管失灵？只有完善治理体系，才能防止监管失灵。治理体系的完善，至少需要在如下方面有所作为。

第一，依法治理，实现监管的法治化。当前的监管，过多依赖人治而非法治，政商关系体制未能理顺，这或许是监管失灵的根本原因。因此，只有监管的法治化才能保障监管的有效性。

依法治理、监管法治化意味着监管制度体系的改进和健全。习近平总书记指出：重特大突发事件，不论是自然灾害还是责任事故，其中都不同程度地存在主体责任不落实、隐患排查治理不彻底、法规标准不健全、安全监管执法不严格、监管体制机制不完善、安全基础薄弱、应急救援能力不强等问题。频发的事故背后往往都有相似的原因。避免类似的事情再发生，必须作出制度上的反思和改进，正如通过孙志刚案推动《城市生活无着的流浪乞讨人员救助管理办法》的出台和《城市流浪乞讨人员收容遣送办法》的废止，通过徐武"被精神病"事件推动中国第一部《精神卫生法》的诞生。

第二，源头治理，从应急管理转向风险治理。最好的危机管理就是危机预防。应急管理固然重要，但应急管理偏重的是事后治理，损害已经发生，更重要的是风险治理，做到关口前移，事先预防，避免危机和损害的发生。习近平总书记强调：安全生产，要坚持防患于未然。要继续开展安全生产大检查，做到全覆盖、零容忍、严执法、重实效。要采取不发通知、不打招呼、不听汇报、不用陪同和接待，直奔基层、直插现场，暗查暗访，特别是要深查地下油气管网这样的隐蔽致灾隐患。要加大隐患整改治理力度，建立安全生产检查工作责任制，实行谁检查、谁签字、谁负责，做到不打折扣、不留死角、不走过场，务必见到成效。要做到"一厂出事故、万厂受教育，一地有隐患、全国受警示"。

当然，风险治理也需要配套的激励约束。至少需要：一是政绩考评体系的改革，因为消除风险是潜政绩，是看不到的政绩，而应急管理是显政绩，是看得到的政绩，毋庸讳言，当前的政绩考评体系不利于激励地方官员趋向风险治理。二是责任追究体系，当前终身责任追究制度日趋严格和完善，从风险治理的约束角度来看，当是一个好的信号。

第三，多元治理，促进公众参与。有效的治理必然是多元的治理，需要政府和社会的协同。公众参与既有利于科学决策、民主决策，也有利于起到社会监督的作用，通过权利制约权力。此次天津港爆炸事件，瑞海公司的环评没有依法征求公众意见。而且，2011年就有媒体对天津市工业园附近过于密集的危险化工项目提出过质疑。2012年，滨海新区的化工厂发生双氧水储存罐爆炸事故。当年，天津市民抗议化工企业离居民区过近，出现过群体性事件。但所有这些安全警示都被有意无意地无视，终于酿成最严重的后果。因此，公众参与必须纳入制度轨道，一则通过制度保障，二则通过制度规范。

3. 系统思维：破解"化工围城"

"化工围城""城围化工"是我国很多城市发展面临的难题。环保部2006年的一份调查显示，我国全部7555个化工石化建设项目中，81%布设在江河水域、人口密集区等环境敏感区域，45%为重大风险源。这一难题的形成既有"规划短视"的历史原因，也有城市化加快发展的现实原因；既有"唯GDP论英雄"的不科学的政绩观的主观原因，也有部门分割等体制机制方面的客观原因，但归根到底是安全管理出了问题。中国安全生产科学研究院研究员刘铁民指出："安全管理中有一个基本观点，造成重大事故或者是造成人员伤亡的原因，不完全取决于危险化学品释放的能量，像爆炸的强度、火势的大小、有毒化学品的释放量等，主要取决于人类自身对危险化学品的管理能力和对突发事件的应急能力。"

天津港爆炸事故再次引爆了"化工围城"话题，它暴露了我国安全生产管理方面的系统脆弱性，特别是危险化学品管理方面的问题。其一，危化品安全管理法律法规不健全。国家缺乏统一的危险化学品安全管理、环境风险防控的专门法律；现有法规尚存在诸多空白，如缺乏完备的准入、安全管理、风险评价制度；已有规定对危化品流通、使用等环节要求不明确、不具体，不同部门制定的规定之间标准不一，政出多门；处罚偏轻，违法成本偏低。其二，危化品安全监管体制机制不完善。危化品涉及环节多（生产、储存、使用、经营、运输和进出口等）、部门多，不同地区和部门没有形成完整的监管链条。同时，目前尚没有全国统一的危化品信息管理平台，不同地区和部门之间没有做到信息共享、互联互通，监管漏洞较多。其三，危化品事故应急处置能力不足。

从发达国家的经验来看，科学的规划、选址和布局，严格的监管和充分、透明的危化品信息是治理危化品、破解"化工围城"的共同经验。结合我国的实际情况，我国危化品的治理应当着重注意以下方面：其一，完善危化品安全管理法律法规，提高监管法治化水平。制定和修改相关法律法规，如危化品管理、安全生产应急管理、民用爆炸物品安全管理、危险货物安全管理等法律法规，明确相关危化品的物流、包装、运输等安全管理要求，建立易燃易爆、剧毒危险化学品专营制度，完善国家强制性标准的制定程序和原则等，确保法律法规的权威性、统一性、系统性、有效性。其二，建立健全危化品安全监管体制机制。强化现行危化品安全生产监管部际联席会议制度，增补海关总署为成员单位，建立更有力的统筹协调机制（比如明确某个部门或系统承担危化品安全的综合监管职能），进一步明确、细化其他相关部门的职责，消除监管盲区。其三，建立全国统一的危险化学品监管信息平台。利用大数据、物联网等信息技术手段，对危险化学品生产、经营、运输、储存、使用、废弃处置进行全过程、全链条的信息化管理，并实现企业、监管部门、公安消防部队及专业应急救援队伍之间的信息共享。其四，完善城乡规划制度，严格安全准入条件。建立完善高危行业建设项目安全与环境风险评估制度，推行环评、安评等联合评审制度，严把安全许可审批关。科学规划危险化学品区域，严格控制与人口密集区、公共建筑物、交通干线和饮用水源地等环境敏感点之间的距离。其五，加强生产安全事故应急处置能力建设。加强生产安全事故应急救援力量建设，整合共享全国应急救援资源，提高应急协调指挥的信息化水平。完善应急处置危化品事故的预案，进一步明确处置、指挥的程序、战术以及舆论引导、善后维稳等工作要求，切实提高应急处置能力，最大限度地减少应急处置中的人员伤亡。

4. 全媒思维：舆论危机反思

在危机事件的舆情应对中，危机处置、解决实际问题是第一位的，舆论引导是第二位的。但是，如果舆论引导不好，也会影响危机处置，甚至损坏政府公信力。特别是在全媒体时代，无论是日常的还是突发的危机事件的舆论引导，信息及时、公开透明都是不二法则，没有公开

就没有公信。这既是传播规律的要求，也是法治的要求，更是 2003 年
SARS 事件以来正反两方面实践经验的总结。在中国，违背信息公开法
则并加深社会危机的案例几乎遵循着同样的"五段论"：危机事件—信
息不公开—流言或谣言滋生—社会动乱、骚乱与不安定—公众对政府公
信力的质疑。① 当然，信息公开也需要体制和制度的保障，此次天津港
爆炸事件新闻发布会之所以问题重重，既有部门职责不清、条块分割、
统筹不够的体制障碍，也有新闻发布制度不完善的原因。

李克强总理指出：权威发布一旦跟不上，谣言就会满天飞。谣言的
形成有两个重要因素：事件的重要性和信息的模糊性，即事件越重要
且越模糊，传播虚假信息的空间越大，谣言产生的效应就越大。此次
爆炸事件中，一度权威失声、官方"装睡"，各路"小道消息"乘虚而
入。其中影响最大、传播最广的，当属有关危化品安全威胁的谣言（如
"700 吨氰化钠泄漏毒死全中国人"）、有关涉事企业黑幕的谣言（如"爆
炸企业负责人是副市长之子"）。谣言背后反映的是社会公众的安全焦虑
和对政府公信力的质疑，也反映了有效信息供给的短缺和公众对真相的
渴求。

有人总结，谣言的种类主要分为两种：一种谣言是未得到官方认可
的真相，但在日后不断被证实；另一种谣言是已经被证实为谎言的谣
言，然而社会却并未完全否定它们的意义。谣言止于公开。2013 年 6 月，
新加坡受印尼"烧芭"影响，遭遇烟霾困城，空气污染严重。当时在网
络上也有不少谣言，比如口罩储备不够、空污指数瞒报等。新加坡政府
于是设立"紧急 101 网站"，一站式地收集"各类谣言"，然后有针对性
地进行回复和解释，很快占据信息主导权，排除了不实信息的干扰。此
次天津港爆炸事件中，谣言的治理与此异曲同工。有关方面总结出 27
条网络谣言并一一澄清，终得以还原网络清朗空间。

① 参见杜骏飞：《通往公开之路：汶川地震的传播学遗产》，《国际新闻学》2008 年
第 6 期。

　　总结起来，从传播角度看，面对谣言，最有效的措施就是：（1）呼应大众对于危机事件关键要素的重要性认定（如网民所言，该递上真相时，别忙于递纸巾）；（2）提供正当、清晰、全面、权威的信息以覆盖谣言；（3）在探索真相、寻求解决方案方面与社会公众保持密切互动；（4）在深化议题方面提升国家与社会对话的品质。[①] 其核心就是信息公开，信息公开是谣言治理最有效的办法。

四、案例附录

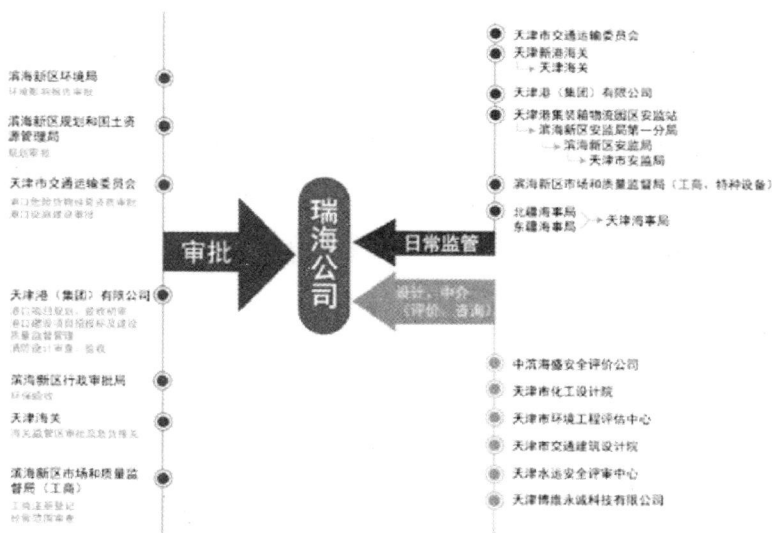

相关单位责任示意图

图片来源：《调查报告》。

---

　　① 参见杜骏飞：《天津港爆炸案 "舆论危机反思"》，《公关世界》2015 年第 8 期。

········ 参考文献 ···

1. 财新网：《天津爆炸　人祸始末》（专题），http∶//topics. caixin. com/tjbz-rhsm/。

2. 新浪网：《天津港发生特别重大火灾爆炸事故》（专题），http∶//news. sina. com. cn/c/z/tjbhxqbz/。

3.《天津港"8·12"瑞海公司危险品仓库特别重大火灾爆炸事故调查报告》。

4. 刘志强：《天津港"8·12"瑞海公司特别重大火灾爆炸事故调查组负责人答记者问》，《人民日报》2016 年 2 月 6 日。

5.《"12·31"外滩陈毅广场拥挤踩踏事件调查报告》，人民网，2015 年 1 月 21 日。

6.《习近平总书记关于安全生产工作论述摘编》，《中国安全生产报》2016 年 1 月 9 日。

7. 王姝：《天津爆炸开了七场发布会，四大关键问题依然没解答》，凤凰网，http∶//news. ifeng. com/a/20150817/44450403_0. shtml，2016 年 8 月 10 日。

8. 何光、王佳慧、宋奇波：《6 场发布会的已知与未知》，《新京报》2015 年 8 月 17 日。

9. 何新田、魏耀奔：《天津新闻发布会出了怎样的问题?》，财新网，http∶//opinion. caixin. com/2015-08-17/100840386. html。

10. 李林：《传播涉天津港爆炸事故谣言逾 300 微博微信账号被查处》，《中国青年报》2015 年 8 月 15 日。

11. 卢永春、谢倩雯：《舆情传播分析：天津爆炸事故主流媒体报道分析》，人民网，http∶//yuqing. people. com. cn/n/2015/0814/c354318-27465252. html，2016 年 8 月 10 日。

12.《天津滨海爆炸转发最多的微博：世界上最帅的逆行》，中国青年网，http∶//news. youth. cn/sh/201508/t20150813_6999681. htm，2016 年 8 月 10 日。

13. 包志明、邱嘉秋：《"编外消防队"先入火场　伤亡不明》，财新网，

http：//china. caixin. com/2015-08-14/100839843. html，2016 年 8 月 20 日。

14. 陈颖婷：《消防职业化，不仅仅是钱的问题》，《上海法治报》2015 年 8 月 17 日。

15. 刘泽宁、罗婷等：《"危险"爆炸　生死 20 小时》，《新京报》2015 年 8 月 14 日。

16. 唐驳虎：《来，burndowner 我给你讲讲啥是 burndown》，凤凰新闻客户端，http：//i. ifeng. com/news/sharenews. f?aid=100548834&from=timeline&isap pinstalled=0，2016 年 8 月 10 日。

17. 肖隆平：《三十四道程序下为何还有漏洞?》，《中国环境报》2015 年 8 月 20 日。

18. 李永忠：《从天津港"8·12"爆炸事故看地方政府治理中亟待解决的三个明显缺陷》，《人民论坛》2015 年第 25 期。

19. 于洋：《为危化品安"家"——访中国安全生产科学研究院研究员刘铁民》，《中国石油石化》2015 年第 17 期。

20. 张俊深、张得：《"化工围城"之痛及解决之道》，《生态经济》2015 年第 11 期。

21. 杜骏飞：《天津港爆炸案"舆论危机反思"》，《公关世界》2015 年第 8 期。

22. 杜骏飞：《通往公开之路：汶川地震的传播学遗产》，《国际新闻界》2008 年第 6 期。

（周望　编写）

"致命的派对"——对台湾新北游乐园粉尘爆炸事故的反思

　　从台湾高雄燃气爆炸到新北游乐园粉尘爆炸,中国台湾中的公共安全再次敲响警钟。从更广的视角和范围来看,中国大陆的城市化过程与国内外特大城市在发展过程中碰到的问题并无二致,踩踏、爆炸、大火、滑坡等城市安全问题不时爆发,威胁着人民的生命和财产安全。我的城市,谁来给我安全感? 2015 年 6 月 27 日,中国台湾新北市八仙乐园正在举办"亚洲最大的彩色派对",晚 20 时 30 分左右,在"彩色派对"舞台前方突然大火。经查,大火是由喷洒的粉尘遇到热源爆炸引起的,事故共造成 524 人烧伤,12 人遇难。这是自 2014 年 8 月高雄发生 32 人死、321 人伤的燃气爆炸事件之后,岛内不到一年内发生的又一起重大公共安全事故,也是新北市救灾史上受伤人数最多的意外。初步判定爆炸是主办单位为了舞台效果,使用二氧化碳钢瓶把彩色粉尘射向民众区,粉尘遭遇热源引发爆炸。

一、案例背景

　　新北市是中国台湾省的下辖城市,位于台湾岛北部,全市下辖 29

个区，新北市的辖区主要是以台北市区为中心而发展的卫星市镇构成，是台湾组团式都市的代表。全市土地面积 2052.5 平方千米，约占台湾本岛总面积的十六分之一。2015 年常住人口 396.6 万人，是台湾岛最北端的城市，也是台湾省第一大城市。

1. 彩色派对

八仙乐园位于八里海水浴场南方的八里乡讯塘村，占地近百公顷，目前是东南亚最大、台湾地区拥有最多设施及滑水道的水上乐园，深受岛内民众喜爱。园内一日可容纳约两万人次。每逢周末和节假日都会吸引大批的游人前往。事发当时，八仙乐园内正在举办一场"亚洲最大的彩色派对"，主办方为了吸引眼球，做足了事前宣传，"敢玩、敢乐、最摇摆""历史性的一场派对"……多达数千名年轻人受此感召，欢天喜地地奔赴八仙乐园，接受彩粉的"洗礼"。所谓彩色派对，是以印度的"彩色节"为原型的疯狂派对，其核心环节就是互相抛掷彩粉嬉戏为乐。提到"彩色派对"，很多人会联想起 2014 年令全台年轻人疯狂的"彩色路跑"。近年来，这股彩色风潮以新鲜缤纷的创意受到年轻人欢迎。彩色风潮越吹越猛，却也早有隐忧。其他国家和地区早对这一风险进行警告，但显然没有引起重视。

2. 致命粉尘

"粉尘爆炸"在几年前并不为人所熟知，而近两年却频繁见于报端，其实粉尘爆炸并不陌生，2010 年秦皇岛骊骅淀粉股份有限公司发生的玉米淀粉粉尘爆炸事故，造成 19 人死亡、49 人受伤。2014 年发生在江苏昆山化工厂的"8·2 特别重大铝粉尘爆炸事故"，那场事故共夺走了 146 条鲜活的生命，直接经济损失达 3.51 亿元人民币，再度让粉尘爆炸走入公众视野。到现在为止，这场爆炸造成的创伤仍没有完全走出阴霾，还有 114 名伤员接受医院治疗。而此次新北游乐场爆炸引发大火的是主办单位喷洒的大量彩色玉米粉末。

铝粉、玉米粉为何会引发爆炸？什么又是粉尘爆炸呢？据专家解释，所谓粉尘爆炸是指在爆炸极限范围内，遇到热源（明火或高温），火焰瞬间传播于整个混合粉尘空间，化学反应速度极快，同时释放大量的热，形成很高的温度和很大的压力。一般来说，粉尘爆炸的发生一般需要满足 3 个条件：一是可燃性粉尘以适当的浓度在空气中悬浮，形成人们常说的粉尘云；二是要有充足的空气和氧化剂；三是要有火源或者强烈的振动与摩擦。有人专门研究过玉米粉尘爆炸发生的条件，试验结果表明：温度在 25℃，喷粉压力为 0.08MPa，粉尘质量浓度在 250—750 克 / 立方米范围内，粉尘的最小点火能量随着粉尘质量深度增加而降低，其最小点火能量在 40—80mJ 之间；在点火能量为 10kJ 时，粉尘爆炸下限质量浓度在 50—60 克 / 立方米之间；而在粉尘质量浓度为 750 克 / 立方米时，爆炸压力达到最大，为 0.66MPa。

粉尘爆炸的难易与粉尘的物理、化学性质和环境条件有关。一般认为，燃烧热越大的物质越容易爆炸，如煤尘、碳、硫黄等。氧化速度快的特质也容易爆炸，如镁粉、铝粉、氧化亚铁、染料等。容易带电的粉尘也很容易引起爆炸，如全成树脂粉末、纤维类粉尘、淀粉等。粮食在生产加工过程中，会产生大量的粉尘，存在较大的爆炸可能性，玉米粉便是其中之一。发生在新北八仙乐园中的粉尘爆炸就是玉米粉加上色素制作成的彩色粉雾，这些易燃粉末一旦遇到火源，引发的粉尘爆炸能瞬间吞噬整个乐园。而人体表面一旦沾上色粉后，火焰会直接上身，瞬间被大火卷入，其杀伤力要强过瓦斯气爆。

二、案例始末

这场名为"ColorPlay Asia—彩色派对"的嘉年华活动是由"玩色创意公司"主办，由于主办单位的大力宣传，该活动当天吸引了 4500 名年轻男女到场，当晚 20 时 40 分左右，主办单位为了炒热气氛，派对上 DJ 一边播放着音乐，一边不断向舞台喷洒大量彩色玉米粉，台上许多年轻人正沉浸其中。突然舞台前方发生爆炸，火舌瞬间吞噬了舞台上的人。最开始，还有人以为大火是特效，一些人还曾为如此震撼的"特效"惊呼，直到有人大喊着火了，许多人才反应过来发生大事了。人群赶紧往后退，避开火苗，远处则有游客高喊"不要退、不要退"，现场完全失控。慌乱中，有人拨打 119 求救电话。

据受害者称，"现场简直跟炼狱一样"，19 岁的陈小姐腿部严重灼伤，她说事发当时和四名朋友就站在舞台正前方，突然一阵火从舞台窜起，火在瞬间就像蛇一样，往舞台前的人群大片蹿烧，恐怖极了。"我的脚都着火了，用手想拍掉，一块皮就掉到地上"，"脚好痛，痛到根本没有知觉"。

头、手臂、双脚都受伤的袁姓男子说，他当时与女友站在舞台前的正中央，DJ 放着舞曲，大家都在嬉闹，突然听见尖叫声，就看到舞台冒出超高的火舌，他拉着女友往后跑，女友跌倒，他跟女友头部着火，全身被火舌吞噬，"差一点以为自己要死了"。

一名男性目击者也表示，有些打赤膊的游客受伤很严重，连"皮都被烧掉了，现场太乱、很惨"，看到一片火瞬间就烧过来，但很快就没了。

有游客被送上救护车前全身颤抖，吓得无法言语，不少家属听闻消息，也陆续从台北市、桃园等地赶往八仙乐园，焦急地向警局打听儿女下落。

粉尘爆炸事故发生之后，社会各界高度关注，世界媒体都以显著篇幅报道。

1. 全台紧急应对，各方伸出援手

台湾地区领导人马英九在得知后消息后第一时间致电行政部门领导及新北市长，指示立即全力救援并提供必要协助。新北市启动大量伤员机制，几乎动用辖区内可以调度的所有人车前往现场。新北市市

长朱立伦于当日晚间 22 时 20 分抵达现场，他在受访时表示，首先，要彻底调查起火原因，追究责任，八仙乐园立即关园停业。其次，将动员所有医疗资源与机构，提供伤者最好的救助，他和卫生局局长已亲自电话各医院院长及负责人，请求院方全力协助救护。另外，朱立伦还说，社会局及志工局将代表市长前往各医院慰问伤者，重伤者先发放 1 万元慰问金，轻伤者发 5000 元。最后，朱立伦也致电台湾地区行政部门负责人毛治国、台北市市长柯文哲以及基隆、桃园等地医院要求协助救援。台北市消防局出动 9 辆救护车、基隆市支援 5 辆救护车前往现场救援，台湾军方第六军团也成立前进指挥所，陆军关渡指挥部、"宪兵"指挥部也前往支援。

等到警方赶到救援现场时，发现受伤者人数众多，园区内全是人潮，人行步道上都是游客，有不少人只能待在游泳池里等着救援，不少民众立即投入协助救灾，"能搬人的工具，全部都用上了"。新北市消防局指出，意外发生时，现场舞台区在园区的后方，道路狭窄，第一时间抵达的救援车辆还可以进去，但随着车辆越来越多，园区内已经没有回转空间，能进去的车辆有限，大多在门口广场等待伤患被运出来。消防局人员指出，除了人抬人，救生圈还有园区的拖车也被派上用场，作为临时担架。消防署于当日零时 35 分发布消息，现场受伤民众已全数送医。八仙乐园爆炸案灾害应变中心于 28 日 1 时 30 分实行一级开设，市府相关局处进驻灾害应变中心，八里区灾害应变中心也同步进行一级开设。台北市政府呼吁双北市民，如非急症请暂时不要送急诊，因双北各大医院目前都投入接收粉尘爆炸火灾伤员行列，急诊的人力吃紧。

2. 伤员得到妥善救治

据台湾地区卫生部门统计，截至 28 日晚间 6 时，伤员共计 524 人，分别送至 43 家医院救治，有 430 人继续留院，其中重伤 202 人。目前暂无人死亡，许多伤患全身超过 80% 的烧伤。其后新北市卫生局表示，转院过程中数据有重复，伤者数字向下修改为 498 人。

6 月 28 日上午，马英九前往荣总及马偕医院，探视伤员。马英九向家属保证，台当局一定全力救治，并追究相关责任，协助家属求偿；台当局也会进一步检讨如何维护公共安全相关事宜。6月28日，记者在马偕医院淡水院区看到受伤的大陆学生陈灵丹，她躺在病床上，脸色苍白，受伤的四肢全被包扎起来，在昏睡中还不时发出痛苦的呻吟。陈灵丹的指导老师赖雯淑一大早赶到病房，她告诉记者："陈灵丹全身53%的皮肤烧灼伤，受伤部位主要在四肢，她醒来的时候一直在说很痛。"另一名受伤大陆学生是23岁的庄楚君，江苏南京人，是新竹交通大学传播科技系研究生。27日晚被送到台北医学院附属医院加护病房接受治疗。事故发生时，庄楚君在比较靠近舞台的位置，伤势更为严重，一直处于昏迷状态，在加护病房救治。

6月29日，台湾地区卫生部门与新北市达成5点共识，紧急医疗处置期间的医疗费用，不管"属健保"或自费，医院都不向病人收费，而由健保部门、新北市专案补助。7月1日，朱立伦在国民党中常会表示，他已通过红十字总会向各国调集医疗资源，国民党大陆事务部主任高孔廉负责与大陆联系，希望大陆协助提供人工皮与尸皮等。7月2日，马英九再次承诺，"绝对不会有任何疏忽、任何懈怠的地方，一定提供最好的医疗"。毛治国也做出4点宣示：第一，救人第一，不计代价，资源和经费都会准备好；第二，规划成立基金会，"一人一案、长期陪伴"；第三，统合各方力量；第四，追究责任，检讨原因。台湾地区卫生福利部门紧急向各国调度"大体皮肤（尸皮）"，7月3日晚间，自美国进口的第一批3.7万余平方厘米已抵台，4日将分配到各医疗院所。

3. 善后工作

重症病患将进入死亡期。虽然伤者在第一时间得到有效救治，但由于粉尘爆炸的伤害性极大，尘爆重症病患的考验并没有结束。据中通社7月5日的报道，尘爆重症病患恐将进入死亡期。文中提到，据台湾地区健保部门7月4日公布的最新统计数字显示，八仙乐园粉尘爆炸事故目前有495人就医，病危人数由211人增至230人，入住加护病房者由

181 人增加到 276 人。台湾医师公会全联会秘书长蔡明忠在受访时也表示，社会一定要了解，严重的烧烫伤及吸入性伤害容易引发死亡。严重烧烫伤急性期在第 1 周后，第 2 周就进入全身感染的高峰期，病患在持续 100 天的急性期内要进行复健及治疗过程，最重要的时间点在 1 个月内，能撑过 1 个月的稳定度较高。而重大烧烫伤面积超过 50% 以上的人，复健过程非常漫长，需要相当多的医疗资源及人力。虽然在医护尽心的照顾下，重症病患仍恐将进入死亡期。

"一人一案，长期陪伴"。为了让伤者得到更好的治疗，台湾地区健保部门早在 6 月 30 日便已在台北的记者会上宣布，粉尘爆炸事件中的所有伤患，自 6 月 27 日至 9 月 30 日期间的医疗费用全免，包括未纳入健保的非台籍人士。7 月初，台湾地区行政主管部门即针对爆炸案提出将成立基金会，以"一人一案，长期陪伴"的方式，陪伴伤患面对未来复健、生涯重建等，给予伤患长期照顾。

新北市卫生局副局长谌立中表示，已成立的"627 烧烫伤专案管理中心"预计运作 3 年，伤患出院后将转往社区复健，卫生局拟订出院准备服务计划，提供"医疗交通车""生活重建中继站""家属喘息服务"等方案。未来心理重建则结合医院志工、阳光基金会、社工资源，给予家属支持性团体辅导、罹难者家属哀伤团体辅导。

发放慰问金。新北市粉尘爆炸案善款管委会 7 月 6 日举行第四次会议，会上决议将给 12 名罹难者发放死亡慰问金每人 825 万元新台币（包括先前生活照顾费及往生慰问金），其余伤患依照"5 度 10 级"伤情分类，发放 6 万 5 千元至 650 万元（新台币，下同）不等。据透露，加上重大损伤补助及经济弱势补助，新北市粉尘爆炸案的善款总额约达到 8 亿 4553 万 9400 元，预计 10 月中旬发放。

新北市社会局已举办多场家属说明会，倾听、调查家属需求，作为提供服务、14 亿元善款用途的重要参考依据。"一案一社工"持续进行，全方位协助伤患、家属。劳工局也联合多家企业，提供未来的职缺让伤患工作。有些企业则提供员工有薪照顾假，让家属能照顾伤患。

各地纷纷捐款。台湾地区立法部门负责人王金平呼吁行政部门尽速检讨相关法令，国民党"立委"蔡正元率先捐出 100 万元，另有民进党"立委"跨区联合为伤患服务。台湾同胞也展开自助活动，台湾新北市八仙乐园总经理陈慧颖 29 日宣布，将成立新台币 1 亿元的信托基金，帮助尘爆烫伤伤员。至 7 月 3 日，企业捐款已约 4 亿元，各主要政党、各县市首长纷纷捐出 1 月或 1 日所得。台湾地区产业总工会、石油工会等也分别捐款 10 万元。国泰、元大等保险公司于 28 日便启动紧急服务机制，加紧与伤者联系理赔。艺人 Selina（任家萱）和张震岳都发文为伤者祈祷平安。

大陆有关方面和各界十分关心受伤同胞救治，纷纷表达提供医疗协助和医疗物资捐献的急切意愿。国台办发言人马晓光 28 日上午表示，我们对受伤两岸同胞表达慰问，希望他们得到及时妥善救治，早日康复。海协会立即向海基会发出"关于慰问新北市八仙粉尘爆炸事故伤员的函"。国台办主任张志军 7 月 1 日在天津指出，大陆愿与台湾分享粉尘爆炸伤患的医疗经验，并提供必要的医疗帮助。7 月 2 日，国台办表示，大陆有关方面已做好各项准备，待与台湾沟通确定后，各项救援物资即可送达台湾。参加第二十四届海峡两岸（福建东山）关帝文化旅游节的两岸三千名信众，自发为伤者祈福，祈愿伤者尽快抚平创伤。

6 月 27 日当晚，新北市市长朱立伦下令八仙乐园即刻关闭并无限期停业。6 月 28 日台湾地区行政部门负责人毛治国指示，在未确保安全性之前，全台禁止彩色粉末的公共活动，"行政院"将组专案小组，处理伤患救治及复健治疗事宜。新北市副市长侯友宜 28 日也表示，八仙乐园粉尘爆炸起火造成多人受伤，将追究八仙乐园民事、刑事责任及查扣财产。

彩色派对负责人吕忠吉于 28 日遭检方谕令 100 万元交保、限制出境和住居。硬体设备人员邱柏铭新台币 30 万元交保、限制出境。晚上

7点半左右，当吕忠吉步出士林地检署时，面对媒体追问，双手合十下跪，向所有伤者道歉："对社会造成这么大的伤害，感到很抱歉。"吕忠吉还说，自己以前也曾经历过烧烫伤，本身也是名烧烫伤患者，所以对于这次伤者的状况完全能感同身受。发生这次意外，还是要跟家属道歉，且承诺会负责到底，并为伤者加油打气、尽力弥补。

三、案例分析

彩色粉末如何发生的爆炸？消防部门认定，酿成粉尘爆炸的主因是"地形＋玉米粉"。由于玉米粉尘粉末细微、具可燃性，若在喷洒时遇有火源，热量传导到同时悬浮在周边的细小颗粒，就会燃烧并产生连锁反应，引发一团火球，像气爆般的爆炸，让人措手不及。

新北市消防局28日表示，火灾鉴定小组上午再度进入现场调查，发现舞台区布置了28支喷嘴，以二氧化碳带动喷出粉尘，而"ㄇ"形舞台附近人最多，空气流动性最差，粉末浓度最高。玉米粉浓度高时，有爆炸可能。调查人员初步确定，事发现场玉米粉末浓度高，遇热而发生爆炸，至于热源为何，将调查当时是否机械或电灯产生火花，也不排除有人抽烟造成爆炸。事发现场舞台区应未设置火焰效果器，但地面上有发现烟蒂和打火机。

从警方现场勘查的情况来看，事故现场共有28个彩粉喷枪，另有两个大型泡沫机。事发时，两袋各20公斤的彩粉都用了一半，但只开了两个彩粉喷枪就发生了意外。现场除了有一个逃生坡道外，其余都被高墙围绕，算是半密闭空间，舞台上以钢瓶吹出的强风，让彩色粉尘吹洒向民众后，瞬间燃起火光引发爆炸。不排除现场有人抽烟，或舞台灯光、音响等器材温度太高，线路短路等诱发混合性爆炸。因此，调查人员因此研判可能是有人抽烟，或舞台灯光温度太高，粉尘温度到达燃点。

8月28日，法新社援引台湾地区《自由时报》的报道称，经过多次实验验证后，新北市消防局8月27日作出正式鉴定报告，认定起火元凶是舞台右前方的BEAM200电脑灯。起火原因正是部分玉米粉洒到灯面，数百度的高温引发爆炸，火势透过地上的玉米粉一路延烧，才会引发惨剧。报告还指出，在爆炸前空气中的粉尘浓度已达爆炸下限，每立方米超过45克。由于人群的跳跃、风吹，加上工作人员不断以二氧化碳钢瓶喷洒玉米粉，才会让燃点430度的玉米粉接触到表面温度超过400度的电脑灯，引发火势，但因为气流引燃，才会让人产生"爆炸"错觉。在尘爆事件发生后，满地的"香烟头"一度成为众人推测的引爆关键，办案人员锁定静电、明火、电器等进行实验分析，后表示当天空气湿度偏高，静电不是引发爆炸的关键，至于明火与烟头则因燃点不足，被排除在起火元凶外。

四、各方评论

1. "失之毫厘，差之千里"

如此大型的活动，在举办前是否报备消防局，如果消防局同意举办，那么消防局是否也应对此事负责？对此，台北市市长柯文哲在7月20日下午出席消防局成立20周年庆祝大会时表示，他认为消防局是一个"脚踏实地"的单位，他交代的工作几乎100%完成，在复兴空难事件就处理得很好，在4月间的"民安1号"演习中他也发现消防局是一个很好的团队，而他对消防局在八仙乐园尘爆事件中的评价是"失之毫厘，差之千里"，公安的事情不能打折扣，消防局按照专业做好。他还勉励消防局，以后面对公安检查、消防检查不要太客气，该怎么办就怎么办，检查结果不要写"恐有公安之虞"，要写"检查不合格"就好了。

2. 公检结果难以服众

此次彩色派对之所以会造成如此严重的伤害，与主办方管理不严有很大的关系。有游客指出，主办方喷洒易燃玉米粉时，没有禁止吸烟，甚至有人称看到主持人在后台吸烟。而活动的负责人也承认，他们知道喷射彩粉时应禁止烟火，但他们对主持人只要求他们上台前不"嗑药"即可，根本无法也没有禁止吸烟。

经过台北检方3个多月的调查取证，八仙乐园全部负责人及承包方工作人员全部免于刑事起诉，仅对活动主办人吕某一人起诉，认定活动主办人吕某明知粉尘爆炸有危险，却未告知现场的所有工作人员，也未对现场的工作人员施以安全操作的教育训练，最终造成现场爆炸，致多人死亡。因此检方决定起诉吕某并要求处以重刑。对此，吕某表示很难接受，而众多家属也表示不能理解，认为八仙乐园不可能一点责任也没有，也应该对此事件负责。

3. 辛劳奖励津贴引发次生舆情

据台湾媒体《中国时报》报道，台湾发生八仙乐园尘爆事故后，台湾地区卫生部门拟发放9亿元新台币"辛劳奖励津贴"予医护人员，引发外界不佳观感。

在台湾地区卫生部门给主管部门的报告中指出，此次八仙乐园尘爆事故皮肤采购、药品及医护津贴，共要动用主管部门第二预备金12—18亿元，其中医护照顾病患的奖励津贴至少占了一半。希望奖励津贴能尽早发放，稳定医护人力。相关人士表示，护理人员已纳入"劳基法"，有工时可循，台湾地区卫生部门会要求医院给足加班费，同时再给予一些奖励津贴，两个月共发给3亿元；至于医师部分，由于医师无工时可参考，将直接发给奖励津贴，两个月共6亿元。至于发放原则，将以所照顾病患烧伤面积作为计算基础。

由于医护人员照顾烧伤病患两个月奖励津贴就高达9亿元，超过健保照顾500多位烧伤病患三个月共6亿元医疗支出，引发外界抨击，批评台湾地区卫生部门编估太过泛滥，第二预备金是民众的纳税钱，根本是慷人民之慨。

台湾地区医劳盟理事张志华表示，这次问题的根源也在于医师没有纳"劳基法"，没有工时可循，没有办法算加班费或是补休假，解决问题的根本是要让医师纳入"劳基法"，这样大家也就不会为了津贴要多少而吵来吵去。

4. 主办方忽视安全措施是酿成此次事故的主因

因粉尘引发的爆炸、火灾，并不罕见。最常见的粉尘爆炸有煤粉、面粉、木粉、糖粉、玉米粉、土豆粉、干奶粉以及金属粉末等，只要磨成粉状且散布在空中，若当日气温高且干燥，就有发生尘爆的可能。台湾地区消防部门教官杨书铭指出，这几年路跑或派对喜欢用彩粉增添色彩并制造话题，这些彩粉原料大多用玉米粉，但包括面粉、太白粉、奶粉，如果处理不慎，都有危险。消防人员指出，为避免发生意外，现场须通风良好，且远离火源及高温，禁止抽烟、玩烟火及禁止使用无罩灯座可能产生火花的电器设备；而且最好在空中洒水，增加空气及粉尘的适度。

而八仙乐园"彩色派对"活动相关负责人却轻忽安全措施，声称玉米粉并不会自燃，企图推卸责任。主办单位负责人吕忠吉表示，自己没有兼顾这么多细节，因为要顾的地方太多，自己不会待在同一个地方太久。他交代工作人员要注意有无人嗑药，但没交代工作人员不能抽烟。而八仙乐园的总经理陈慧颖也表示："我们从来没有听过，举办这样的派对是危险的！"

主办方也没有对工作人员进行安全教育培训，从目前曝光的爆炸现场视频来看，舞台工作人员当时用二氧化碳高压气体，将堆放在舞台前方的彩粉喷向台下观众，彩色粉末在舞台前方飞散，大批民众还沉浸在摇滚乐中，但当工作人员在喷第3次时，舞台右上方突然冒出红色火光，火势向右前方观众燃烧。台下民众见到火舌后急忙逃走，舞台上的工作人员最初吓呆了，未有作出反应。过了不久，工作人员用灭火筒救火，怎料反而令粉尘飞扬，火势越来越大。

五、启示借鉴

1. 致命的娱乐

震耳的音乐与炫目的灯光中，年轻人挥舞手臂、扭动身体，进入忘我的境界。狭小的空间、拥挤的人群、热烈的气氛，这些让置身其中者沉醉，却也让旁观者有些担心：万一发生危险怎么办？针对在台湾颇为盛行的"彩虹派对"，有专家指出，这些标榜使用食用级玉米粉加上色素制成的缤纷彩色粉尘，虽然能让活动嗨翻天，但往往忽视了背后的危险性。

化学博士陈耀宽指出，这些悬浮在空间中的可燃粉尘颗粒，若浓度、温度过高，且颗粒够细，就可能出现气爆。他提醒，"粉尘气爆五大元素"包括"点火源"或是高温处，再来是"局限空间"，虽然八仙乐园是开放户外场地，但空气不流通导致粉尘无处发散，再来是"充足氧气"供粉尘燃烧，另外就是"散布"粉尘被大量的"撒"或"丢"与空气接触，最后是"可燃性粉尘"其中奶粉因含油脂更易燃烧。

总而言之，粉尘悬浮量大，在空气混合均匀、离火源近等条件下，极易浓度过高造成粉尘爆炸。不仅会造成烧烫灼伤，甚至因燃烧不完全，产生一氧化碳等有毒气体，毒气产生后往往会造成爆炸过后大量的人畜中毒伤亡。粉尘爆炸除了具有极强的破坏性和产生有毒气体之外，还容易产生二次爆炸，因为二次爆炸时粉尘浓度会更高，所以二次爆炸的威力要比第一次要大得多。

2. 从未走远的尘爆

随着现代工业的调整发展，农林、轻工、化工等许多行业都采取用粉体为原料进行生产，有些中间体或者产品也为粉体，因此粉体的种类繁多且用量大大增加，同时粉体相关工业也向机械化、规模化发展，对其生产过程缺乏详细的管理。这也就导致了在现代企业生产中，虽然设备在不断地更新，但粉尘爆炸事故却越来越多。事实上，从 2010 年以来，全国冶金、有色、建材、机械、轻工、纺织甚至烟草行业都发生过粉尘爆炸事故。其中，金属粉尘爆炸事故频发，几乎占到粉尘爆炸事故的 3 成左右。而在中国的大部分企业，工人对于粉尘爆炸的危害，大多数人知之甚少。

事实上，粉尘爆炸的悲剧是完全可以避免的。中国安监总局早就发布了相应的规章制度。其中，《GB15577—2007 粉尘防爆安全规程》最为广泛使用。按照安全规程，工厂无论是在设计还是施工时，都必须严格实施粉尘防爆标准。一个企业，如果能在生产装置本身、生产环境、消防静电、防二次爆炸等四个方面切实做好，应该可以杜绝此类事件发生。

3. 缺失的公共安全教育

"闭门家中坐，祸从天上来"。这样一起安全事件，让人回想起曾经历过的类似场景，而这次台湾新北的尘爆案发生在追求感官享受的娱乐场合，引起爆炸的元凶居然是近几年广受年轻人喜爱的新生事物——彩色粉末，这更让许多普通人惊觉，公共安全的威胁无处不在，有些甚至超出了普通人的知识与经验范畴。事实上，彩色路跑等活动从 2013 年登陆中国大陆以来，先后在北京、广州等 20 多个城市举办过，很受年轻人的追捧，每场活动都能吸引到成千上万的年轻人参加。而且活动中使用的彩色粉末在网站在也能大量采购到，但许多商家和使用者都对彩粉的危险性全然不知。国家防爆设备质检中心粉尘爆炸与防护研究所所长刘云鹤告诉新快报记者，目前庆典、活动用的一些彩炮、彩弹等均有爆炸的可能。而每次活动举办前，主办方只会告知选手这类粉末是安全的、无害的、食品级的，却不会告知有易燃的特性，手册上也对安全注意事项只字不提。

当新生事物不断出现，带来新体验的同时，也可能会带来新的风险。如果缺少相关知识，在不当的场地，错误地使用，又缺少必要的安全保障措施，随时都有可能发生意外。这提示城市管理者，公共安全，需要更多科普。对公众而言，碰到新生事物多问一问背后的"安全"问题，多绷一根安全的弦总没有错，这是一种自我保护。而对于城市管理者而言，这更是一种责任。

为此，应把公民安全教育纳入城市公共安全管理体系之中。2015年5月29日，中共中央政治局就健全公共安全体系进行第二十三次集体学习时，习近平就强调，公共安全是社会安定、社会秩序良好的重要体现，是人民安居乐业的重要保障。同时他还指出，要坚持群众观点和群众路线，拓展人民群众参与公共安全治理的有效途径。要把公共安全教育纳入国民教育和精神文明建设体系，加强安全公益宣传，健全公共安全社会心理干预体系，积极引导社会舆论和公众情绪，动员全社会的力量来维护公共安全。而在公民安全教育方面，城市管理者投入的力度还不够大，而亡羊补牢，及时科普，还为时未晚。

参考文献

1. 中国新闻网：《江苏昆山"8·2"铝粉尘爆炸事故 3 名责任人今受审》，http：//www. chinanews. com/fz/2015/02-10/7050722. shtml。

2. 华夏经纬网：《聚焦：新北粉尘爆炸案》，http：//www. huaxia. com/jjtw/jjtd/2015/06/4462855. html。

3. 潘峰、马超、曹卫国、张建新、徐森：《玉米淀粉粉尘爆炸危险性研究》，《中国安全科学学报》2011 年第 7 期。

4. 央视新闻：《台湾八仙乐园发生粉尘爆炸现场民众手机记录事故过程》，http：//www. chinanews. com/shipin/2015/06-28/news579908. shtml。

5. 人民网台湾频道：《三分钟了解台新北市八仙乐园粉尘爆炸事件》，http：//tw. people. com. cn/n/2015/0629/c14657-27222381-2. html。

6. 中国新闻网：《现场火光高 2 米民众以为是特效》，http：//view. inews. qq. com/a/NEW2015062800050504?refer=share_relatednews。

7. 凤凰资讯:《八仙乐园尘爆目击者:有人皮都烧掉了》,http://news.if-eng. com/a/20150628/44057125_0. shtml。

8. 人民网:《台湾粉尘爆炸伤者升至 498 人　其中 2 名大陆学生受伤》,http://www. xxcb. cn/lvyou/2015-06/8995968. html。

9. 新华网:《台湾新北粉尘爆炸罹难者每人将获 825 万台币》,http://news. sina. com. cn/c/gat/2015-10-06/doc-ifximrxn8226462. shtml。

10. 人民日报海外版:《新北尘爆满月赔偿金超十亿善后如何进行》,http://www. fj. xinhuanet. com/news/2015-07/30/c_1116088694. htm。

（王平　编写）

山东临沂平邑强拆事件

一、案例始末

  山东临沂平邑强拆事件案发后根据当地公布的调查结果，2015 年 9 月 14 日 11 时 50 分，山东平邑县公安局 110 报警服务台接报警称：平邑县地方镇后东崮村一房子着火。接报后，平邑县公安局迅即指令消防大队、地方镇派出所组织力量前往施救，派出所人员 12 时 10 分到达现场，消防大队出警人员 12 时 20 分到达现场，至 12 时 50 分火情被全部扑灭。在清理房屋坍塌现场过程中发现房主张纪民（男，46 岁）已经死亡。

  经现场勘查，在张纪民家院子西北部发现四具灭火器，其中三具灭火器压力表指针为 0，表明内部干粉已完全喷出，另一具剩余少量干粉；在院内西部鸡圈北侧和东侧发现并提取两个装有黄色液体的"龙江家园"酒瓶和三个"龙江家园"酒瓶碎片，经检验两瓶黄色液体为汽油，在两瓶体及碎片上均检出张纪民 DNA 基因分型。另经勘查，张纪民宅院堂屋室外正门西侧台阶处有一起火点，该起火点周围无火灾蔓延痕迹，分析为独立起火点，提取衣物残骸，从中检出汽油成分。张纪民住宅主房屋内门口西侧有另一处起火点，主房屋门烧毁，屋门外部门栓和门锁呈分离状态，屋门内插销呈拴闭状态，西侧门框过火痕迹内侧重于外侧，下部重于上部，为室内液体低位燃烧形成，门槛炭化痕迹内侧重于外侧，证明该处也存在室内液体低位燃烧情形，在该处提取的地面残留物中也检出汽油成分。另外死者项部、左手腕处碳化衣物残片均检出汽油成分。

经法医检验，张纪民上衣夹克右下兜内有塑料打火机 1 个、手机 1 部，左下兜内有塑料打火机 3 个。法医认定张纪民存在全身广泛性生前烧伤，未发现除烧伤以外的其他损伤，系烧伤致死。死者下颌部可见一白色毛巾燃烧后残片覆盖，相应颈部皮肤未见软组织挫伤，符合火场中求生自救迹象。

经讯问被刑拘人员、询问现场群众和知情人，死者张纪民因房屋拆迁补偿问题一直未与拆迁方达成协议。9 月 14 日早 7 时许，平邑县城市管理行政执法局经济开发区分局局长苏然根据与地方镇党委副书记魏运波及该镇工作人员高群的事先约定，带领本分局 6 名工作人员对张纪民妻子潘进惠实施非法拘禁，限制其人身自由 2 个多小时。

在苏然等人控制潘进惠的同时，高群带领平邑县地方镇大瑶草村人王永飞、平邑县地方镇下坡村人庄银田、平邑县地方镇归来庄村人武海杨等 15 人赶至张纪民住宅附近准备实施强拆。魏运波及东崮管理区书记兼社区总支书记管彦省先安排后东崮村支部书记高新和村主任高学明前往张纪民家中做工作未果，又安排高群和后东崮村村民杨某某前往劝说，高群、杨某某发现张纪民家大门仍然从内部锁闭，高群通过宅院门缝和院外高处发现院中一铝盆内的衣物正在冒烟，魏运波即让苏然、高群安排平邑县地方镇爱华村人韩飞飞到附近加油站拿回两具灭火器，韩飞飞与王永飞翻过张纪民住宅西院墙用灭火器将院中铝盆内的火扑灭。之后，管彦省安排高群指使庄银田驾驶铲车将西院墙推倒，推墙过程中，庄银田看到张纪民正在屋门内向铲车方向投掷瓶子类东西，此时站在院西墙外的平邑县地方镇兴仁庄人彭京璐通过院墙缺口也看到张纪民从门内向外投掷东西，并抛洒液体。接着发现，张纪民主房门前平台上燃起明火。魏运波安排人从地方镇政府带着四具灭火器赶到现场,与高群等人用灭火器共同将明火扑灭。随后,张纪民住宅主房门内突然冒起黑烟,迅速变成明火并燃及屋门。高群等人欲用灭火器扑救屋内明火,有人大喊"屋内有煤气罐",在场人员遂撤离现场。之后,魏运波、管彦省等人安排人员在屋后用石块投砸张纪民住宅后窗,欲砸碎玻璃通风散烟,避免张纪民被烟呛死,后来发现屋内火势迅猛燃起,现场人员均退避散离。管彦省、魏运波分别拨打110报警。

另经公安机关调查了解,9月11日,后东崮村村民高某某到张纪民家做工作时,张纪民曾主动向其展示三个煤气罐和两桶汽油。9月13日,后东崮村村民杨某某到张纪民家做工作时,也发现在其堂屋门内西侧有两个小型煤气罐、两个装有黄色液体的塑料桶、五六个装有黄色液体的"龙江家园"透明玻璃酒瓶。经调取平邑县地方镇供销加油站监控视频和销售汽油名单查明,9月11日、13日张纪民分两次在地方镇供销加油站购买9升汽油。综合勘查检验、尸体检验、物证检验、审查讯问、走访调查等工作,"9·14"事件由平邑县地方镇东崮社区强拆引发,排除他人人为纵火,火灾系张纪民自身行为所致。在本次强拆事件中,涉嫌违法犯罪的15名主要嫌疑人全部抓捕归案。

随后于2016年8月,魏运波等三人涉嫌滥用职权案在平邑县法院开庭审理。在法庭上,魏运波的辩护人提出,魏尚未实施强拆,只是为强拆做准备,被害人的死亡后果不是被告人行为直接导致,且在工作期间,魏一贯表现良好,本次犯罪也是出于工作的原因,并非个人私利,犯罪情节轻微。魏运波则悔罪道:"镇政府没有强行拆除的执法权,我知道执行拆除之前要履行有关手续,需要依据,我认识到拆除张纪民家的民房是错误的,也是不合法的。"管彦省的辩护人提出,管的行为与张纪民的死亡结果之间不存在刑法意义上的因果关系,虽然各被告人在本案中存在滥用职权的行为,但情节显著轻微,不应作为犯罪处理。苏然的辩护人提出,张纪民的死亡与拆迁行为无必然的因果关系。

平邑县法院认为,苏然按计划带人控制潘进惠,同时高群带领多名拆迁人员来到张纪民住宅附近，并翻墙进入张纪民院内，即表示强拆已经开始，为对抗拆迁，张纪民多次点火，已预示着继续强拆有可能发生严重后果，但魏运波仍安排人员用铲车将张纪民家西院墙推倒，致使矛盾升级，事态进一步恶化，最终导致张纪民死亡结果发生。

因此，平邑县法院认为，三被告人已经着手实施强拆，张纪民的死亡后果也与三被告人的滥用职权行为之间具有刑法意义上的因果关系，且事发后，被多家媒体报道，引起社会广泛关注，严重损害了国家机关的形象，造成特别恶劣的社会影响，三被告人滥用职权情节特别严重。不过，平邑县法院还认为，魏运波、苏然案发后主动投案系自首，认罪态度好，有悔罪表现，可对其减轻处罚并使用缓刑；苏然系从犯，案发后投案自首，认罪悔罪态度较好，可对其免于刑事处罚。平邑县法院以犯滥用职权罪，分别判处魏运波有期徒刑一年九个月，缓期两年执行；管彦省有期徒刑一年三个月，缓刑一年六个月；苏然免于刑事处罚。

2016 年 9 月 20 日上午，张纪民的妻子潘进惠说，她认为该判决量刑畸轻，在拿到判决书几天后，就已向平邑县检察院递交了申请书，请求检察院向平邑县法院提出抗诉。

二、案例分析

张纪民死亡背后，是他所在的"山东百强示范镇"——地方镇正轰轰烈烈推行的农村社区化浪潮，大片耕地被占用、大量房屋被拆迁。临沂官方将此事定性为一起因基层干部法纪观念淡薄、作风简单粗暴、强制拆迁引发的群众生命财产受到严重侵害的恶劣事件。此前在山东多地出现过的"农民被上楼"，又一次出现在这个正处在发展快车道上的城镇里，并遭到利益受损农民的强烈质疑和激烈反对，理由是拆迁补偿太低，政府以租代征后违法改变耕地性质。这一现象，还曾被山东省委机关报《大众日报》两次点名予以批评。

1. 拆迁真相的是与非

9月14日中午，在遭遇强拆的过程中，张纪民被烧死在自己家里。张纪民的房屋正处在东固社区规划中的宽阔马路直线上，因此被列入拆迁范围。张纪民的妻子潘进惠称，当天一早自己在送女儿上学后回家的路上，遭到不明身份人士的殴打与"绑架"，昏迷之后又被扔在一位村民的家门口。目击村民称，当天上午，数十名不明身份的人员和没挂车牌的车辆将200多平方米的张纪民家团团围住。而后，强行拆除了张家一侧的围墙。当天中午11时50分许，村民潘如香看到张纪民家的房子里冒烟了，进院子时发现火从门外开始往里燃烧。潘如香把门撞开试图救张纪民，但火很快就烧得越来越旺。张纪民的侄子张勇称，着火房间的纱门外侧烧得比较厉害，内侧烧灼较轻。此外，门框、窗户也是如此，"这说明火是从外往里烧的"。最终，张纪民被烧死在房间东北方向的角落里。当他被抬出来时，身体保持着蜷缩的姿势。"这明显是躲火的姿势，"张勇说。

据新华网报道，一份村民提供的视频资料显示，2015年9月14日11时48分15秒（录像显示时间），死者张纪民家房屋开始冒烟，并伴有零星火光。8分钟后，有两个不明身份人员从张纪民家正门跑出到院后的路上，与其他人员会合，一起继续往张纪民家屋顶扔石块等杂物。人群中有一人拎着红色灭火器来回跑动，但并未去灭火。随后，火势越来越大。视频中有妇女哭喊声："出人命了，快救人去！"

9月16日，平邑县新闻中心的官方微博一度通报称，排除他人人为纵火，火灾系死者张纪民自身行为所致。次日，风向突然转变。大众网发布消息称，经调查初步确认，该事件负有直接责任的地方镇党委副书记魏运波、地方镇东固工作区书记兼东固社区党总支书记管彦省、地方镇政府工作人员高群等已由公安机关刑事拘留。

9月18日，新华网发布消息称，涉嫌非法拘禁张纪民妻子潘进惠的7名城管人员也被采取刑事强制措施。消息还称，魏运波为达到强制拆迁目的，策划指使上述 7 人对潘进惠实施了 2 个多小时的非法拘禁。

目击村民说，魏运波和管彦省都是当时强拆张纪民房子的组织者。在村里，张纪民家算是"穷户"。潘进惠说，张纪民有心肌炎，干不了重活，平常跟着她去罐头厂干点轻活，两人一天的收入是 50 多元，"一年下来纯收入也就是一万多"。潘进惠称，村委会原来给她家的安置方案是 5 间房屋总共补偿 5.8 万元，"不给现金，只是买安置房时少交 5.8 万元"。潘进惠说，一套楼房需要十几万，他们家"真是拿不出来"。张纪民家没有同意拆迁，最终遭遇强拆。强拆中被火焚毁的张纪民家，现在成了村民们聚集议论的一个据点。东固社区三个村（前东固、后东固、西东固）的村民不时聚集到这座被火烧成焦黑色的房子附近，讲述自家的拆迁遭遇。

42 岁的后东固村村民潘传国的房子是在 2014 年 11 月被强拆的。他说，自己并没有签任何拆迁补偿合同，村委会亦未曾给予他任何补偿，但房子却被人偷偷拆掉了。此前，村里曾与潘传国协商，按照每平方米 60 元的标准赔偿，但遭到了他的拒绝。拆迁是在潘传国并不知情的情况下进行的。他说，当时自己正在工厂上班，回到家里就看到自家房屋成了一片废墟，"家具、家电、现金、票据，所有的东西都埋在废墟里。"

潘传国甚至不知道是谁拆的。潘传国说，后来村干部告诉他是地方镇政府拆了他家的房子。他多次找镇里领导，没有一个领导给他任何"说法"。前东固村的村民杨金平更加"不幸"，他甚至不知道自己的房子是哪天被拆的。被拆几天之后，邻居告诉他"房子被拆了"，他才回家查看，结果只看到一片废墟。

杨金平说，房子一直是母亲住着，去年母亲去世后不久，房子就被悄悄拆掉了。"那是我们祖上的房子，清朝时就有的老宅"。和潘传国一样，杨金平也"没有拿到一分钱补偿"。一份《地方镇东固社区拆迁安置方案》（以下简称《方案》）显示，此次拆迁补偿标准是：宅基地按每平方米 60 元补助；房屋补偿按房地产评估公司评估标准执行，以评估公司实际评估补偿金额为准。《方案》还显示，在拆迁公告规定时间内签订拆迁合同并腾出房屋的，每户奖励 10000 元；超出规定时间再签合同的，每拖延一天扣减 1000 元。《方案》称，安置楼房为"5+2"阁楼样式，共有 75 平方米和 115 平方米两种户型，安置楼房均价为 1100 元每平方米。

村民潘传国也不太清楚自己的房子被拆以后要做什么，"听说是开发楼盘"。前述《方案》中写道，此次拆迁是为了"加快推进东固社区建设，改善居民的生产生活水平"。村民杨金平接到的一份《拆迁通知书》中称，拆迁他的房屋是因为"根据县委、县政府统一安排，对东固旧村及资红路进行改造，建设新社区"。可见在建设新社区方面，地方镇雄心万丈。

《临沂日报》刊发的一篇关于东固社区第一书记刘振华的新闻稿，题目便是《两年任期内建成万人大社区》。新闻稿引述刘振华的话称，东固社区要按照万人大社区来打造，打造"一厅五室三站两栏一校一园一场所"的综合服务中心，且要让老百姓在两年内就看到大社区建设的雏形。

根据新闻稿，东固社区是整合前东固、后东固、西东固 3 个行政村和杨家岭、华家岭两个自然村形成的镇驻地社区。在临沂市规划局的官方网站上，《地方镇总体规划（2012—2030）》后边被标注着"省级示范镇一等奖"。根据规划，地方镇 2015 年镇域总人口 11 万人，城镇化水平 50.0%；2020 年镇域总人口 12.5 万人，城镇化水平 56.7%；2030 年镇域总人口 14 万人，城镇化水平 71.4%。

镇区规划形成"两心、两轴、三片"的布局结构，三片是指以铁路、河流自然分割形成的三个片区：北部综合片区，以居住生活、公共服务为主；中部综合片区，以产业、生活居住为主；西南部工业片区。从规划图上看，东固社区所处的位置，正在北部综合片区。规划图显示，未来的镇政府，将迁到东固社区。镇政府将要搬迁的地方，现在是前东固村的耕地。

村民杨庆国的耕地在 2015 年春天变成了一栋高楼。他称，自己并未签过任何征地合同，也未同意任何人租用或占用自己的耕地。"就这么不明不白地占了我的地，没有说法，没有赔偿。"据统计，至少有 31 户村民共计约 50.39 亩耕地被租赁或占用。实际上，早在 2013 年，山东省委机关报《大众日报》即刊文质疑地方镇政府"以租代征"。稿件见报后，地方镇党委政府随即表态，该地块将"经营金银花等高效生态农业，不搞建筑"。

但到了 2014 年 6 月，《大众日报》调查发现工程仍在建设，再度刊文质疑。当时一并刊发的记者手记中，记者质问："若征地，就按国家征地标准给补偿；若流转，就不能改变土地用途。可在平邑县地方镇前东固村，用着土地流转的方式，以土地流转的价格，获取了村民耕种多年的口粮田。然后再'倒包'（按合同性质所言），再进行项目建设。实际上的征地，却不付出相应的补偿。天下哪有这么便宜的事儿？"

2. 拆迁事件中的舆情分析

就该案件中的舆情分析而言，9 月 14 日 21:25，网曝山东临沂平邑县发生强拆致人烧死事件，死者为临沂市平邑县地方镇后东固村民张纪民。据其亲属和目击村民讲述，14 日上午当地镇政府带人强拆张纪民房屋引发火灾，致其被烧死，其妻子遭不明人员殴打。9 月 14 日 22:50，平邑县政务微博 @ 平邑新闻中心发布通告称，"平邑县地方镇东固社区后东固村一户民宅发生火情。现场发现一名死者，系户主张纪民，张妻因事外出，未在现场"，并称将严惩制造、散布谣言者。9 月 15 日，澎湃新闻、人民网、腾讯、新浪、新华网、南都等媒体纷纷跟进，网络热度迅速走高。9 月 15 日 17:56，@ 平邑新闻中心再次发布通告称，平邑县委县政府已成立调查组，公安机关已控制相关人员。9 月 16 日 00:57，@ 平邑新闻中心称临沂市成立工作组到现场，"公安机关已控制事件直接责任人"，并表示将一查到底。9 月 16 日 12:26，以死者买了 9 公升汽油为根据，初步认定火灾系死者张纪民自身行为所致。9 月 17 日，央视新闻 1+1 做了《一起蹊跷的火灾》专题报道，对山东平邑火灾事件做了全面呈现，特别是张纪民的死因，以及事件的背景，呼吁官方尽快查出真相给各方一个交代。9 月 17 日晚，据琅琊新闻网报道，16 日晚，临沂市委书记林峰将此事定性为，"这是一起因基层干部法纪观念淡薄、作风简单粗暴、强制拆迁引发的群众生命财产受到严重侵害的恶劣事件"。9 月 18 日 8:45，临沂官方微博"临沂发布"首次回应，称将"依法处置，坚决维护群众利益"，做好善后，并暂停拆迁工作。

近年来，在全国掀起的强拆浪潮中，死伤事件层出不穷，媒体曝光的"自焚"事件也不在少数，舆论的神经在不断冲刷下趋于钝化，而单纯的因强拆"自焚"事件获得以往较高关注度的可能性在不断减小，舆论关注度处在下行趋势，同时，拆迁当事人被烧死等同于"自焚"的认知有固有化趋势。山东平邑"9·14"事件在这种背景下，成为热门话题的可能性较小，从事件发生的初期来看，并未引起舆论广泛关注，仍属小范围传播。然而事件趋热的爆点在于，当地政府四次通报前后矛盾，并意图以"自焚"来定性推脱责任、平息事件，与媒体不断曝光发掘事件发出疑问形成鲜明对比。"一问一答"间不断吸引着舆论目光，最终促使事件热度急剧升温。

9 月 14 日 12 时事件发生，14 日 21:25，网曝山东临沂平邑县发生"强拆致人烧死"事件，约一个半小时后，平邑政务微博通报称一民宅发生火情，并称将严惩制造、散布谣言者，随后的三次通报中，基本围绕成立工作组、表明态度、控制相关人员、火灾起因认定等，此后陷入长时间沉默。而官方第一时间表示严惩造谣、传谣者，始终对起火原因及现场具体情况绝口不提的做法，成为此次舆情危机的直接引爆点，媒体及公众关注度迅速抬升。

9 月 18 日，在事发近四天后，临沂官方微博 @临沂发布首次发声，事件的定性也由"自身行为所致"变为"受到严重侵害的恶劣事件"，事件发展出现重大转折。但此间舆论负面认知已高企，对当地政府的不信任已处在高位，临沂官方如不能正确有效应对，极可能引发次生舆情灾害。

此事件发生前，暴力拆迁问题就已显露。早在 7 月 25 日就有网友爆料称，"村委雇用社会闲杂人员四十余人闯入我家强拆……强拆之后多次上访无果"，可见平邑当地暴力拆迁问题早已存在，而村民上访也绝不会在少数，那么临沂政府抑或更上级政府是否知晓此事，是否存在知而不管，默许和纵容这样的情况存在呢？暴力拆迁在临沂是例外，还是普遍存在？就以上两起拆迁来看，一个是由镇委副书记带队，一个是村委雇用，显然都存在当地政府的身影，而社会闲杂人员也都存在，那么暴力拆迁就不是个例。由此，也不得不再次审视该项目，真的合法合规吗？

因而，临沂官方的介入，就有必要性和紧迫性，而更上级政府对整个项目的介入调查也存在现实需要。单从临沂政府介入来看，显然已经丧失舆情黄金应对时间，因而在后续应对中，需更谨慎，有更诚恳的态度，以及更公正透明的措施，更及时的公布进展，认真回应舆论关切。同时，在处理上不能仅仅追究直接责任人，对于当地主要领导的责任，以及长期盘踞于此、附着于此的社会闲杂人员，也应有具体和长效举措。如此，才能挽回政府流失的公信力，避免类似"连标点符号都不信"的舆论再出现，不仅是对死者的尊重，也是对公众的交代。

从该事件舆情的深度分析来看，2015 年 9 月 14 日至 2015 年 9 月 23 日，媒体关于"山东平邑强拆致人烧死"的新闻报道约 3500 篇，报道的主要网站为：新华社、澎湃新闻网、京华时报、大众网等网络媒体。通过对这些信息进行关键词提取、主题聚类分析，可知其倾向性如下：

（1）报道山东平邑强拆致人烧死的新闻占 38%

9 月 15 日，《京华时报》发文《网曝山东临沂强拆一村民被烧死》，文称：有网友爆料称，山东临沂强拆，导致临沂市平邑县地方镇后东固村村民张纪民被烧死。今天，死者堂哥称，弟弟是昨天上午被烧死的，"一周前因拆迁没谈拢，昨天镇政府一名姓管的书记带50多个人拆掉堂弟家围墙后放火"。

（2）报道官方通报火灾系死者行为所致的新闻占29%

9月20日，"大众网"发文《山东强拆事件火因查明火灾系死者自身行为所致》，文称：9月20日，经市、县两级公安机关、消防部门连续五天不间断调查，走访现场群众及知情者130余人，在省刑侦和消防专家组具体指导下，提取有关物证送权威部门鉴定，综合勘查检验、尸体检验、物证检验、审查讯问、走访调查等工作，"9·14"事件由平邑县地方镇东崮社区强拆引发，排除他人人为纵火，火灾系张纪民自身行为所致。

（3）报道相关责任人被刑拘的新闻占18%

9月18日，"新华社"发文《山东强拆血案镇委副书记等3人被刑拘 坚决维护群众利益》，文称：临沂市平邑"9·14"事件调查处理工作组有新进展。经调查初步确认，该事件负有直接责任的相关人员魏运波（地方镇党委副书记）、管彦省（地方镇东崮工作区书记兼东崮社区党总支书记）、高群（地方镇政府工作人员）等已由公安机关刑事拘留。

（4）报道需追究相关人员责任的新闻占9%

9月21日，"澎湃新闻网"发文《媒体评山东强拆案：须严查是否有支持者和指使者》，文称：暴力拆迁是个老问题，引发人员伤亡事件时有发生，中央高度重视，出台了系列措施加以规范和制止。之所以还会发生，究其原因，既有一些地方官员发展观错位、权力失控等原因，也有部分开发者目无法纪、各种黑恶势力交织其中推波助澜的原因。必须综合运用多种手段，特别是法治手段，遏制暴力拆迁发生。暴力拆迁严重侵害群众人身财产权益，破坏社会和谐稳定。在依法治国大背景下，要高悬法治利剑，严肃追究相关人员责任，保证拆迁依法依规有序进行，使暴力拆迁成为一条不敢碰触的"高压线"。

（5）其他新闻占6%

9月23日，《农民日报》发文《平邑事件："自身行为所致"背后是暴力拆迁》，文称：平邑"9·14"事件不应该就这样过去了。家属和公众仍存的疑虑需要回应，同时我们更希望，它能够成为一口长鸣的警钟，时刻警示各级地方政府，如何有效克制盲目发展的冲动，如何做到把老百姓的利益放在心上，如何以法治的思维解决纠纷、矛盾，牢记依法办事、尊重法治的理念。只有把拆迁真正纳入法治轨道，只有每一次暴力拆迁事件都能得到法律的严肃处理，这类事件才有可能不再上演。希望平邑"9·14"事件能够成为一个类似悲剧的句点和法治拆迁的起点。

从网民关注的话题来分析，2015年9月14日至2015年9月23日，网民关于"山东平邑强拆致人烧死"的言论约35.3万条，言论主要来自新浪微博。通过对这些信息进行关键词提取、主题聚类分析，可知其倾向性如下：

（1）传播山东临沂被曝强拆致人烧死的言论占41%

（2）探究强拆案幕后真相的言论占18%

（3）质疑强拆案官方审理结果公正性的言论占14%

（4）呼吁严惩凶手彰显正义的言论占10%

（5）呼吁相关部门加强法治建设的言论占6%

（6）讨论城镇化建设是否合理的言论占6%

（7）其他言论占5%

三、启示借鉴

1. 危机事件官方表态中的定性问题须慎重

事件发生后不久，平邑官方微博迫不及待地发布了消息，有网民分析，认定是"民宅火灾事故"，其目的有三：其一是告诉公众平邑县发生了"民宅火灾事故"；其二是抢先占领舆论的制高点，起引导舆论的作用，将公众的视线都瞄向死者是自焚行为；其三是为他们的强拆行为洗白，让公众将对死者的同情，转向对他们拆迁行为的理解，掩盖强拆的事实。然而，令平邑官方没有想到的是，事件引起了全社会一连串的反响，最终成为全国媒体关注的焦点。随着媒体的深入调查，现场视频、图片以及目击证人也纷纷涌现出来，将事件引向平邑官方微博认定的相反方向。面对公众质疑，当地官员又声称"详情正在进一步调查中"，以至于有网民调侃"平邑县的官方微博具有未卜先知的特异功能"。于是，有网民发问：严肃严谨的官微为何成了背书的工具？官微是政府的喉舌，理应替政府发出最权威、最公正、最合理的声音，但平邑官微的声音却与现场目击证人的言辞大相径庭。面对烧焦的尸体，只字不提征地强拆，却急着转移视线，企图用"民宅火情"一叶障目，将造成惨痛的悲情事实转嫁到民众头上，这种罔顾事实的声音如何能赢得民众的信任？

当地政府在首次发布的事件通报中提出："事情发生后，有人在网上散布谣言，扩大事态。目前，公安部门正对火灾原因进行调查，对于制造、散播谣言者将依法严惩。"舆论质疑，这样说不仅画蛇添足，而且存在自相矛盾之处。调查还在进行，真相尚且未知，当地怎么判断哪些言论涉嫌造谣？反过来讲，如果当地已掌握基本事实，为何不及时对外公布？

值得注意的是，类似以制止散布谣言的理由打压正常舆论监督的行为，近年来时有发生。有些地方发生事故后，不是及时调查真相，而是急于抓捕所谓散布谣言者；还有些地方，哪怕基本事实没错，也千方百计地把批评质疑者装入散布谣言的"口袋"。凡此种种，更多只是出于维护地方、部门以及个别人利益，而不是为了制止违法行为。拿"散布谣言"打压正常的舆论监督，其结果可能造成"寒蝉效应"，这样，很多问题就得不到及时暴露，政府公信也将受到损害。

2. 警惕危机事件中消耗政府公信力

9月20日，当地官方微博正式公布当地市、县两级公安机关、消防部门的调查结果，称事件由平邑县地方镇东崮社区强拆引发。显然，从"民宅火灾事件"到"强拆引发的死伤事件"，这两个说法明显不同。有评论指出，综观所有信息，让人最感到突兀的无疑是当地政府关于"禁止传谣"的示警。因为当时不少民众说，该事件和拆迁相关。而"禁止传谣"是当地官方针对此事发出的第一条微博。这条微博在事发约10个小时之后发出，信息简短暧昧，似乎带着禁止相关议论的意图。因为在用词上，这条微博关于严惩造谣扩大事态者的用语引人注目。《长沙晚报》评论称，事实上，针对一些地方对事件"先否后肯"的怪现象，新华社曾经刊文指出，网络谣言泛滥被人人喊打，但我们同样不能忽视刚露头的"官谣"。著名传播学者喻国明先生曾说，"官谣"短期来说容易对公众造成误导；就长远而论，它会对政府公信力产生消耗。从这个角度来看，其危害性远大于民间谣言，平邑事件就是其中的佐证。有网民称，现在的结论虽排除人为纵火，是否印证前几天所说是火灾系张纪民自身行为所致？是否也是外部强大压力环境下的激烈反应？仅仅一句"自身行为所致"，张家的这场灾难就不可能说清楚，仅排除人为纵火想必还是难以完全抹去民众的疑虑和想象。但可以肯定的是，火，要了张纪民的命。火的背后，是一场"基层干部法纪观念淡薄、作风简单粗暴"的强拆。

此外，从目前调查进展看，这一蹊跷的火灾有着太多的疑点，完全依靠平邑方面的调查，恐难使人信服。当地政府除了回应死亡事件外，更需要回应相关拆迁补偿是否到位，以及法院在这些拆迁纠纷中是否起到应有的法治作用。

3. 注重城市化进程中的公民权力保障问题

暴力拆迁是个老问题，引发人员伤亡事件时有发生，中央高度重视，出台了系列措施加以规范和制止。之所以还会发生，究其原因，既有一些地方官员发展观错位、权力失控等原因，也有部分开发者目无法纪、各种黑恶势力交织其中推波助澜的原因。事实表明，强拆背后，常有地方相关部门或公职人员的姑息纵容。因此，必须严查背后是否有支持者、指使者、责任人，严加惩处，使其付出沉重代价。

进一步而言，拆不拆迁？如何拆迁？必须尊重公民的意愿，尊重公民的合法权益，尊重国家的法律法规。早在 2011 年年初，《国有土地上房屋征收与补偿条例》就正式施行，怎么征收、如何补偿，参照标准规定得一清二楚。可是在这起事件中，当地相关部门在张纪民不同意拆迁的前提下，就采取非正常手段，显然与当下的法治建设背道而驰。应该看到，依法拆迁无可厚非，民众怨愤的是强拆。强拆采取的手段是暴力，动力则是暴利。为了暴利一再滥施暴力，这是不少强拆血案频现的直接原因。维护群众利益，维护公平正义，不能只是一句空话。当地方官员不再是一味地向政绩看、向进度看，而是把老百姓的满意程度放在第一位，那么"权力"凌驾于"权利"的事情就会越来越少。一桩桩惨痛的教训让我们不得不思考一个问题：在中央和地方早已三令五申，程序不到位，一律不得实施强制拆迁的背景之下，为何还屡曝强拆流血事件？正如有媒体疑问，难道在地方城市化发展进程中，强拆真的不可回避？强拆后的真诚歉意能成为心灵"创可贴"？其实不然。事实一再证明，强拆等此类问题不在于强拆而在于利益重新分配。遏制强拆必须严格执行各项规定，同时将地方拆迁工作纳入领导干部考核机制，落实拆迁工作的主体责任，"让暴力拆迁成为不敢碰触的'高压线'"。

参考文献

1.《平邑"9·14"案：农民上楼要设拆迁"高压线"》，《领导决策信息》
   2015 年第 38 期。

2. 葛宇宁：《论正义与利益的关系——从山东平邑"9·14"拆迁案件谈起》，

《湖南工业大学学报（社会科学版）》2016 年第 3 期。

3. 海玮：《山东平邑强拆致人烧死》，《城乡建设》2015 年第 12 期。

4. 袁成本：《山东平邑：以租代征引发的强拆事件》，《农村·农业·农民（A版）》2015 年第 11 期。

5.《以法治之手破解暴力征地"魔咒"》，《领导决策信息》2015 年第 37 期。

6.《"赶农民上楼"荒唐在何处？》，《国土资源》2015 年第 10 期。

（吴涛　编写）

"6·20" 南京重大车祸事件

2015 年 6 月 20 日，江苏省南京市秦淮区发生一起宝马车撞击马自达轿车致 2 人死亡的交通事故。宝马车驾驶人王季进事发后离开现场，后被警方抓获。这一事件引起了社会高度关注，有网友通过微博、微信将事发现场拍摄的视频、照片发布到互联网，随后互联网上出现了"宝马车为什么高速闯红灯？""肇事者涉嫌毒驾酒驾？""会不会是'顶包'？""车上有无毒品？"等质疑。虽然南京警方第一时间公开了案件调查情况，公布了现场监控录像及现场照片，但是外界对警方的质疑依旧未平息。南京"6·20"车祸事件的发生与发酵，是一次典型的涉警舆情危机，考验着公安机关的舆情应对能力。

一、案例始末

6 月 20 日下午 2 点南京友谊河路、石杨路十字路口发生多车相撞事故，一辆陕 A 牌照的灰色宝马由西向东闯红灯通过路口，撞上一辆由南向西左转行驶的马自达轿车，并撞上一辆正常行驶的公交车与一辆出租车。事故造成马自达轿车上的一男一女当场死亡，被撞出租车驾驶人受伤。

14 点 30 分许，南京网民微博爆料说看到该起车祸事故，称一辆宝马轿车将一辆马自达轿车撞击后马自达轿车撕裂，一男一女飞出后死亡。有网民上传多张"惨不忍睹"的现场图片。该信息随后被多个账号关注并转发，半小时内被转 1000 多人次。

仅隔 10 分钟左右，即 14 时 42 分，南京市公安局交通管理局官微 @ 南京交警作出了回应。微博首先确认了这起事故及其地点，透露民警和消防已到达现场进行处置。这条政务信息发布来自手机端。随后，@ 南京交警二大队微博也是第一时间点燃蜡烛表达了哀悼。

18 时，@ 南京交警发布首份事故通报：肇事驾驶人事发后离开现场，后被警方找回并控制，事故详情正进一步调查中。官方响应不可谓不快，然而，该份通告的措辞却引发网民诸多不满，"逃逸就逃逸，离开现场算怎么回事？""明明是肇事逃逸，有什么不能表明立场的！"不过，也有个别网民表示理解，"一般第一时间发布的信息为了避免先入为主的判断，使用比较中性的描述也有可能"。

新媒体指数（www.gsdata.cn）平台上，微信公号热门文章 TOP10 表 1。其中"FM93 交通之声"因其第一时间即时具体的文章发布而获得了 10 万阅读数和近 1 万点赞量，其次是以央视新闻为代表的媒体公号，普遍获得高阅读数，央视新闻同样取得 10 万阅读数。热门文章 TOP10 中公众号以交通广播类、新闻媒体类和汽车类公众号为主。除了报道车祸事件最新动态外，有一部分文章关注车祸事件发生背后存在的各种可能性。

新媒体指数（www.gsdata.cn）平台微信公号热门文章 TOP10

序号	公众号	标题	阅读数	点赞数
1	FM93 交通之声	恐怖！宝马飞速闯红灯，马自达拦腰被撞当场解体！	100001	9988

（续表）

序号	公众号	标题	阅读数	点赞数
2	央视新闻	惨烈！宝马闯红灯拦腰撞断马自达 2 人死亡多车遭殃	100001	772
3	改车志	宝马飙 200km/h 时速撞散马自达后逃逸 两人当场死亡	100001	348
4	有车以后	【深度解析】宝马 7 撞碎马自达 2，当时究竟发生了什么？（事故会）	87658	175
5	温州晚报	端午惨剧！宝马闯红灯把马自达撞成两半！2 人当场死亡（附视频）	78637	124
6	交通 91.8	南京宝马飞车撞死 2 人疑似毒驾事故续：确认司机排除酒驾、毒驾嫌疑	71095	1489
7	爆笑 gif 图	刚刚发生：陕西籍"90 后"宝马车主 200 码超速驾驶，马自达瞬间片甲不留	53842	108
8	吃货金小妹	南京端午车祸肇事宝马司机就是他	50318	62
9	钱江晚报	端午惨剧！宝马闯红灯把马自达撞成两半！2 人当场死亡（附视频）	46869	69
10	柳州掌上通	今天刚发生，90 后宝马车主 200 码超速驾驶，马自达瞬间粉碎	42817	42

当晚，包括新华社官方微博在内的新媒体，纷纷援引中新网记者申冉从警方获悉的消息，先期报道如下：

（1）肇事者为许某某，警方在肇事车上搜出冰毒；

（2）许某某逃逸被抓，在派出所用头撞墙，疑似毒瘾发作，疑为毒驾；

（3）许某某没有行驶证、驾驶证，车属于封存状态，保险过期；

（4）网上有消息称，当时肇事的宝马车速度达到 200 公里 / 小时。

很快，也就几个小时之后，即 6 月 21 日凌晨 2 点 40 分，@ 南京交警发布了第二份通报，权威公布了肇事人的王季进个人信息，并首次将其定性为"涉嫌交通肇事罪被警方刑事拘留"。剧情瞬间逆转，与上面一一对应的是：

（1）肇事者不是许某某，是王某某，车上白色粉末是玉米粉，根本不是毒品；

（2）王某某既未酒驾又未毒驾，因为被抓后精神紧张才以头撞墙，并非毒瘾发作；

（3）王某某有驾照，车是许某某2014年底抵押给王某的；

（4）警方称，从驾车轨迹分析，宝马车确实比身边车辆快一些，但并没有出现狂奔的现象。

一夜之间，前后信息，两种面目，孰是孰非，莫衷一是。南京警方通宵达旦赶制的舆情通报不仅没有消弭社会议论，反而激起更大争议，使自身陷入舆论旋涡。可以肯定的是，肇事"宝马"此时正成舆论激化的燃油桶。目击者称"肇事司机当时闯红灯加速，事故后逃离现场""宝马车上发现了类似冰毒的粉末状物体"，网民指向司机"醉驾""毒驾"的可能，也有网民根据车牌号扒出宝马车保险"已经过期"，是非法驾驶。一些网民更是义愤填膺地呼吁"请有关部门将凶手绳之以法"。此时，舆情急速扩散，新浪微话题#"6·20"南京重大车祸#阅读量超过1000万人次。

6月21日，一则《拒绝神反转！南京征求6月20日惨烈车祸目击者！》的文章在朋友圈广为转发，引发几十万的点击量，文章称"一觉醒来，剧情神反转，南京那个宝马司机，排除了酒驾，也排除了毒驾，还有了驾照，更神奇的是连姓都变了。"与之相呼应的是，"肇事者何以在神志清醒情况下高速驾车撞人？""为何肇事后，肇事者真面目一直未有示人，甚至出现头盔遮盖？"等一系列网络质疑令这份官方通报陷入了尴尬境地。

之后，涉警舆情开始扩散，并在新媒体环境下迅速传播，由点向面波状发展。涉警舆情发生后，随着事件的发酵，关注度也随之上升，由于网络的不断扩散、放大、炒作，舆情开始向媒体全方位空间扩散。微博、论坛、手机微信、SNS等新媒体的用户或转发或跟帖或评论。在事件发生后第二天，即 6 月 21 日，微博发布文章数达到一个高峰，共发布文章 326 篇。

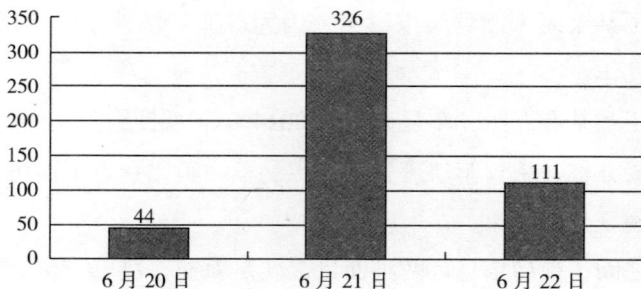

南京重大车祸事件 6 月 20—22 日微博文章数

6 月 21 日夜间，面对社会争议的焦点，传统媒体介入，《扬子晚报》刊发《南京警方确认，"6·20"重大车祸嫌疑人未抓错、未掉包》的长文章，围绕"没毒驾，没酒驾，他开那么快干吗""肇事者被戴头盔，会不会是顶包"等五大疑问进行了解读。文章进一步透露，警方锁定肇事者嫌疑人是通过 DNA 鉴定确认的，在现场发现的粉末状物品经核实系玉米粉。《现代快报》也刊发《警方确认宝马司机未酒驾毒驾》的文章，传递权威声音。相关报道相比官方通报更为详细，直击舆论焦点，引发各大网站转载。

6 月 22 日，媒体人王海涛发表《南京惨烈车祸：你想要哪种真相》一文说：一起车祸，有这么多矛盾的信息，里面肯定有谣言。也有网友发出了不同的声音："其实可能就是一人脑子搭错开快车导致交通事故，但是人们更愿意看到的是什么富二代吸毒，酒驾开车撞死人，然后找人顶包什么的狗血剧情。"对于网络杂音，自媒体某意见领袖也发表题为《南京宝马车祸舆情"罗生门"解析》的舆情分析报告。他对"公关说"提出多个疑点：如果肇事者用钱摆平，试问这要打点多少人？又打点多少钱？要下面出警的人选择"封口"，那是不是也要重点打点这上上下下、方方面面？对于"顶包说"，他以"纸包不住"的理论分析其荒谬性，并反问：区区一个装饰城的小老板，如果能让全南京上上下下为其作假，民间还一丁点内部作假的消息都听不到，有这种超级能量，怎么可能在装饰城开个店铺低调度日？这些疑问从正面反驳了网络盛传的传说及谣言。

从图1可以看出，事发后第三天微博发布文章数量减少到111篇。一方面，网络各种杂音对冲；另一方面，当期发生的长江沉船事件迅速吸引了网民眼球，取而代之成为另一个舆论主战场。

二、案例分析

一起多车相撞交通事故，由于网民怀疑南京公安发布的信息与事实有出入，质疑公安民警办案的公正性，在事发后快速地发酵成一场多方参与的舆论战。本质上这是一场涉警舆情事件，考验的是公安机关的舆情应对能力。

总体而言，南京警方在此次涉警舆情事件中进行了较为成功的处置与应对；事发三天后，舆论声音骤减，网民的关注热情骤降，一定程度上说明舆论从普遍质疑转变为普遍接受，南京警方不再处于负面的舆论旋涡之中。具体来说，南京警方在公开澄清回应、反应时机把握、处置渠道力度等方面均较为到位。可以看到，涉事部门通过快速通报、高频释疑"跑赢"了舆情发酵速度；后续司法程序迅速跟进，也体现了公安机关的办事效率；舆论得以扭转的关键点在于通报质量，此次南京交警紧抓网友质疑点进行回应，采用"十问十答"的形式通报案件细节，不仅针对性极强，且回复内容以大量证据予以佐证，说服力较强。如对于毒驾的质疑，通报中不仅予以否认，并给出"嫌疑人无吸毒前科、尿液检验结果呈阴性"等关键证据，使负面舆情得到很大程度的消解。当然，南京警方的应对也存在不足，主要表现在最初的回应过于随意。比如，

6月20日14时事故发生，14时30分@南京零距离等微博账号首转网民的现场报道……	14时42分，官微@南京交警第一时间回应确认了事故及其地点，透露民警和消防已到达现场进行处置。@南京交警二大队微博点燃蜡烛表达哀悼……
3小时之内人民日报等权威媒体和门户转发，舆情热度迅速上涨，并引发网民大量猜测……	18时03分，@南京警方第一次通报事故情况：马自达轿车内两人死亡，另一辆被撞的出租车驾驶员受伤；肇事司机在离开现场后，被警方找回并控制；目前无法确定是否毒驾……
20日晚间媒体开始报道细节内容，涉毒等传言在网络上迅速蔓延……	21日2时40分，南京市公安局交通管理局第二次发布通报：肇事司机姓名、年龄、职业、事发经过等；定性肇事逃逸、排除酒驾与毒驾；肇事司机因涉嫌交通肇事被刑事拘留……
6月21日开始，新浪等门户出现专题报道，现代快报、扬子晚报等媒体在转发官方通告的同时披露更多消息。各种猜测继续疯传……	22日，南京警方第三次发布通报：就网友对事故的相关质疑，发布"十问十答"。包括"肇事者是否顶包""是否涉毒""车速多快""查封车如何上路"……
22日开始，媒体大量报道警方的回应并引发网友热议……	29日，南京警方第四次发布"6·20"事故的最新进展，确认肇事宝马车通过事故路口时行驶速度为195.2km/h……
23日晨，扬子晚报再次追踪发布最新进展"南京惨烈车祸肇事司机下车画面曝光"……	
舆论传播情况	**警方处置应对**

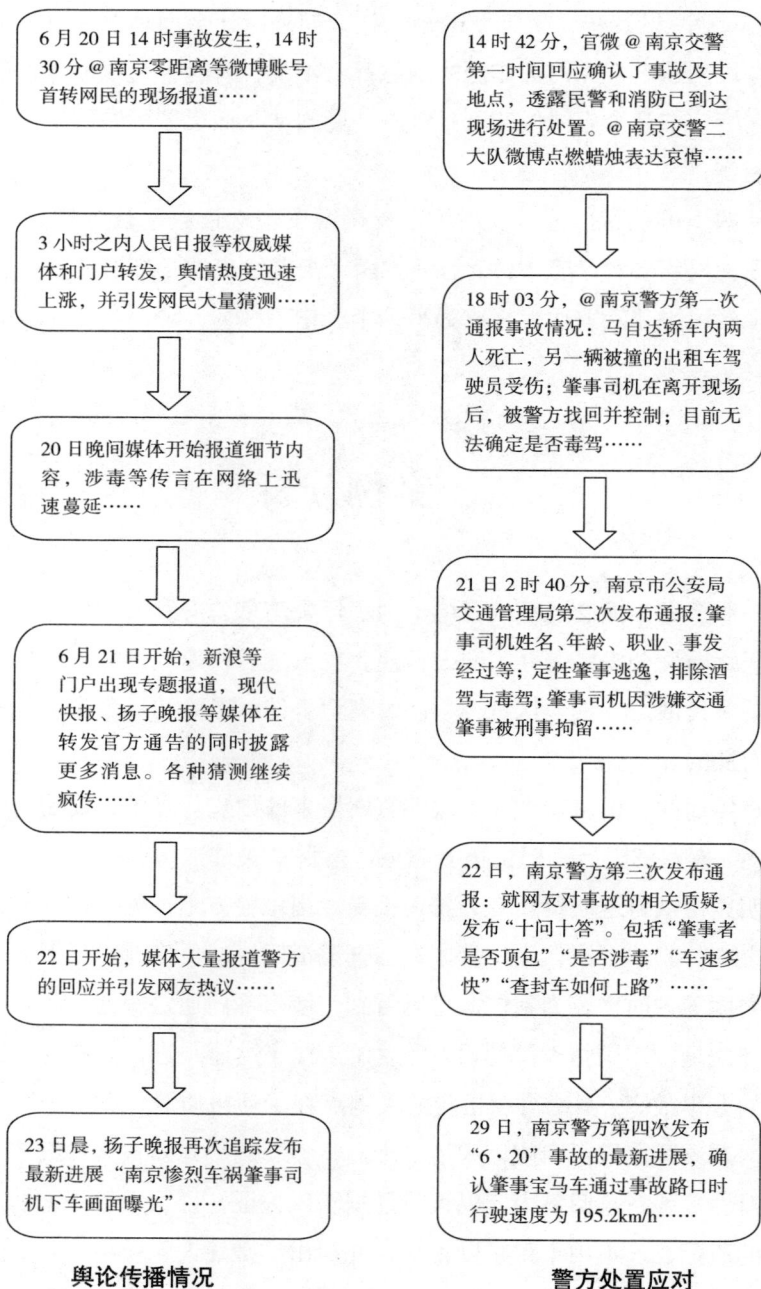

舆情处置过程对照图

回应中"比一般车快一点""找回""改装730"等词汇引发网友大量吐槽；在没有确切的调查结果前称"宝马没有狂奔现象"。这些模棱两可或缺乏证据的措辞，容易使网民产生不信任感，如很多网友表示，"既然传言这么多，警方应第一时间公布视频等客观事实"，有的网友开始质疑肇事司机遭顶包。

三、启示借鉴

深入剖析南京警方对"6·20"重大车祸事件的舆情处置与应对，启示如下。

第一，开辟非正式个人化渠道，争取情感支持赢得公众信任。

在舆论场上，信任甚至重过事实；失去公信力，舆论传播与引导就没了基石。当政府部门失去公信力时，无论说真话还是假话，做好事还是坏事，都会被认为是说假话、做坏事，这就是著名的"塔西佗陷阱"定律。南京宝马肇事案发生后，对警察执法的各种质疑声就没有中断过。对交通事故，交警本应是最权威的鉴定者。但是，近些年的一些涉警负面新闻一定程度上导致公安机关公信力下降；而且，在人人都有麦克风的时代，对权威保持怀疑、行使监督已然成为网络的必然功能。此案中，"宝马""疑似毒品""特殊背景"等关键词很容易引发网民对权钱交易的各种联想，公众和网友对南京警方的"不信任"一度使辟谣解释显得苍白无力。

在喧嚣的网络舆论场中，拥有30多万粉丝的@警察蜀黍一条微博引起各方注意。"我该这么问：1.之前媒体报道的'毒驾''200码'全是'目击者称''据传''疑似'，警方的通报是'经调查鉴定'，谁可信度高？2.所谓'白色粉末'，目击者是上去尝了一口呢还是带回去鉴定了知道是毒品呢？3.肉眼能看出200码？4.没驾驶证是谁说的？5.警方撒谎有啥好处？6.想看真相还是想看你想看的？"此微博被转评近3000条。@南京发布转发时也不禁感慨："心情很复杂，很多话想说……"在后来的跟帖中，有网民开始将矛头指向媒体报道，"不同媒体的报道导致网民质疑，抢新闻头条引发连串质疑！擦亮眼睛，尊重客观事实"。可以说，这条个人微博既代表了警方的专业回应又表达了一名警察的情绪感受，有血有肉真实真诚；真诚是赢得信任的基础。但是，如果这条微博发自官方平台，可能结果恰得其反；因为人们想在官方平台上看到的是专业客观的数据和确凿的结论。因此，舆情引导要综合考虑观点内容的引导和网民情绪的引导，开辟正式和非正式两个舆论场，各自侧重构建功能互补的舆论引导平台。

第二，多渠道及时公开信息，相互印证平息网络谣言。

《中华人民共和国突发事件应对法》和《中华人民共和国政府信息公开条例》均规定，突发事件的信息发布必须及时公开，如有瞒报、谎报、迟报、漏报等行为，需追究相关人员相应的法律责任。面对突发事件，政府部门应多方比对，通过媒体和公众的舆情线索及公安机关对事件调查的真实结果，合理评估舆情危机；通过开新闻发布会或者电视报道等形式及时公布事件进展情况，坦诚、公开、负责地与公众交流。"6·20"南京重大车祸事件从14时30分网民的现场报道和跟帖开始，逐渐从一起单纯的交通事故发酵成涉警的舆论危机。事实证明，及时恰当地公开信息，使南京警方在此次舆论场中占据了主动，有效地阻止了网络谣言的进一步渲染，避免了舆情危机的扩大。

一是回应迅速、时机恰当。在网民首次发帖报道车祸现场惨状后10分钟，南京警方就做出回应，确认了事故及其地点，并透露民警和消防已到达现场进行处置，同时@南京交警二大队微博点燃蜡烛表达哀悼；第一时间从事实和情感两个方面给出了客观的声音和有温度的态度。案发后4小时，在《人民日报》等权威媒体参与、网络舆情热度开始急速上涨的时候，南京警方第一次通报了事故情况，官方发布了执法部门已经掌握的信息。案发后12小时，南京市公安局交通管理局发布通告,公布了警方调查的初步结果。这样的信息发布速度体现了南京警方的责任意识、职业态度和办案效率,使得真实的信息能在谣言谎言广为流传之前占领舆论高地,盖过某些舆论杂音。

二是用好新老媒介、多渠道相呼应。一方面,信息化条件下,公众表达诉求的途径多样化,反应非常迅速,聚集效应明显;因此,选择社交媒体类的"点对点"的传播模式,有助于提高信息的传播力、准确度和互动性。比如,案发后@南京交警第一时间通过手机端发布事故信息,并以同样方式于当天18:03发布第一次案件通报,表示肇事者被控制。随后,南京交警持续利用官方微博公布案情、回应质疑。可以看到,建立诸如警务微博、微信公众号、警务QQ群等新媒体工具,通过它们即时公布"重要"事务,在线解答公众的疑问,消除事件的含糊性,将信息单向发布转为信息发布和官民互动相结合,既有助于引导公众从不合理的网络宣泄转向合理的诉求表达,也有助于有关部门及时掌握公众动态。另一方面,传统媒体依然是舆论场中有力的推波助澜者;因此,公共部门要善于发挥传统媒体在舆论场上的答疑引导作用。例如,此案中"肇事者疑为毒驾""肇事者没有行驶证、驾驶证""肇事的宝马车速达到200公里/小时"等各种信息和猜想的迅速扩大传播,与中新网在事发后的新闻报道不无关系;南京警方后来也是借助有较好舆论基础的本地媒体来回应公众质疑。在舆情高潮期,@扬子晚报刊发《南京警方确认,"6·20"重大车祸嫌疑人未抓错、未掉包》的长文章,围绕"没毒驾,没酒驾,他开那么快干吗""肇事者被戴头盔,会不会是顶包"等五大疑问进行了解读。这些声音从公众关切和细节入手,在新老媒介中多方呼应、相互印证,有效地平息了网络谣言,推动了事实真相的澄清。

第三,回应口径统一严谨,避免陷入二次危机。

在舆论的风口浪尖之上,在无数雪亮的眼睛之下,政府回应不仅要统一口径,更要注意细节保证严谨。如果在回应过程中前后不一致,或者对于细节回应过于大意,在"网络有记忆"的自媒体时代,公众可能会选择截图等各种方式进行前后对比，或对问题抓住不放穷追不舍。衍生而出的这些不利于公共部门的舆论杂音，会极大地影响官方声音的传播力、影响力、公信力，从而使相关部门陷入次生舆情危机。官方声音要跑赢舆论杂音，政府要做到精心处理每一个关节点，准确披露案情，加强释法说理并答疑解惑，最大限度地挤压不实报道和谣言传播空间。

在案发多日后即此次舆论衰退期，南京警方仍旧遭遇舆论杂音干扰的一个重要原因是，对于肇事宝马的车速问题，警方回应前后不一。事故发生两天后，警方接受采访时表示，具体车速仍需要进一步检测才能得出结论，但从监控录像可以发现其并非一路狂奔，"一路上，他的车速确实要比身边车辆快一些，但并没有出现狂奔的现象。"而在6月29日的通报中，南京警方的官方声音则是，"经鉴定，确认肇事宝马车经过事发路口时的时速为195.2千米/小时"。于是，在舆论衰退期，"195.2千米/小时不算狂奔"的调侃声、质疑声再次登上自媒体舆论场。

第四，避免普遍的负向偏好，以正面信息为主引导舆论。

心理学研究发现，"负向偏好"是人类在进化过程中逐渐形成的普遍特性；表现为更容易受坏事影响、更关注负面信息等。"好事不出门，坏事传千里"，就是负向偏好在信息传播过程中的典型表现。美国尼尔森发布的亚太网民用户习惯报告称，约有62%的中国网民表示更愿意分享负面评论，而全球网民的这一比例为41%。在负向偏好的影响下，人们会有意无意地传播和夸大社会阴暗面；在新媒体技术的催化下，容易快速堆砌虚构出一幅偏颇夸大失实的事件图景。因此，舆论引导的主要任务之一就是"去伪存真"；其关键在于，通过正面信息的引导，强化公众对事实的认知，还公众一个真实的世界。

此案中，南京交警先后5次发布案件通报，其中4次集中在案件发生的6月份，且随着调查的深入，在案件通报中对公众关心的问题逐一作出解释，均以正面信息为主。面对突发性的网络舆情，公安机关应及时发布正确权威的信息，站在公众的角度进行有效的舆论引导，通达社情民意，解释民众疑问，疏导不良情绪，从而积极掌握网络上的话语主动权，占领网络舆论的"制高点"。公安媒介的正面报道，在很大程度上转移了网民的关注点，使负面舆论逐渐失去眼球、声息变小，使正面舆论得到弘扬。舆论场的各种声音，可以归结为正面舆论和负面舆论的较量；公共部门在舆论拉锯中，应避免掉入"负面偏好"的陷阱，应强化正面信息的引导力量。

四、案例后续

2015年6月28日，南京市公安局直属分局以涉嫌交通肇事罪将犯罪嫌疑人王季进向南京市秦淮区人民检察院提请逮捕。经审查，南京市秦淮区人民检察院于7月4日以涉嫌交通肇事罪对王季进批准逮捕。由于王季进在事故发生之前曾打电话报警称自己"要被人陷害"，语焉不详，思维混乱，其家人也表示当日他表现得不太正常，加之他在被警方讯问过程中的胡言乱语，让人怀疑其精神是否正常。8月31日，南京脑科医院司法鉴定所出具鉴定意见，确定王某进在案发时患有"急性短暂性精神障碍"。9月6日晚上，南京交警部门通过其官方微博第五次发布通报，公布了对肇事司机的司法鉴定结果，认定王季进"作案时患急性短暂性精神障碍，有限制刑事责任能力"。这一通报使公众又一次开始强烈关注该事件，纷纷质疑"什么是急性短暂性精神障碍""这个鉴定结果是怎么得出来的"？截至9月7日下午5时，微博评论已达1.6万余条，转发1万余次。法院受案后，被害人近亲属对案发后侦查机关委托鉴定机构作出的上述鉴定结论不服，向法院申请对王季进在案发时是否患有精神疾病、是否具有刑事责任能力予以重新鉴定。2016年5月9日，南京市秦淮区人民法院做出决定，对南京"宝马车撞人"案被告人王季进案发时的刑事责任能力进行重新鉴定。2017 年 4 月 1 日，南京市秦淮区法院一审宣判，被告人王季进以危险方法危害公共安全罪，被判有期徒刑十一年。

参考文献

1.《南京警方确认"6·20"重大车祸嫌疑人未抓错未掉包》，扬子晚报官方微博，2015 年 6 月 22 日。

2.《警方确认宝马司机未酒驾毒驾》，《现代快报》2015 年 6 月 22 日。

3.《"6·20"南京重大车祸：肇事者自伤自残打骂民警》，《观察者》2015 年 6 月 22 日，http://www.guancha.cn/broken-news/2015_06_22_324215_s.shtml。

4. 王海涛：《南京惨烈车祸：你想要哪种真相》，新浪新闻专栏，2015 年 6 月 22 日。

5.《拒绝神反转：南京征求 6 月 20 日惨烈车祸目击者》，新浪汽车，2015 年 6 月 22 日。

6. 贾也：《南京宝马车祸舆情"罗生门"解析》，凤凰网博客，2015 年 6 月 24 日。

7.《南京"6·20"车祸：宝马当时比动车还快》，搜狐网，2015 年 6 月 30 日。

8.《南京"6·20"宝马肇事案嫌疑人被批准逮捕》，中国经济网，2015 年 7 月 4 日。

9.《南京检方：宝马车案嫌犯事发前后精神现异常》，腾讯新闻，2015 年 9 月 10 日。

10.《精神病是不是装的？南京宝马车祸司机受访视频曝光》，凤凰网，2015 年 11 月 18 日。

11. 翁健：《基于新媒体的涉警网络舆情治理研究》，上海理工大学硕士论文，2016 年。

12. 毕宏音:《网民的网络舆情主体特征研究》,《广西社会科学》2008 年第
　　7 期。

（林颖　编写）

青岛 "天价虾" 事件

一、案例始末

2015 年 10 月 4 日晚，四川广元游客肖先生夫妇偕 21 岁的女儿抵达青岛，在乐陵路一家酒店住下后找到位于青岛市乐陵路 92 号的 "善德活海鲜烧烤家常菜" 吃饭。看菜单时，他们想点海虾，价目表写着 "海捕大虾 38 元"。因为之前看过海南海鲜店宰客的新闻，他们特地叫来服务员询问，"大虾 38 元" 是 38 元一份还是 38 元一只。一名女店员和一名男店员都明确回答是 "38 元一份"。

价目单上 "海捕大虾 38 元" 旁边没有标明计量单位是按 "一个" 还是 "一盘"，在价目单的最下方有一行不起眼的文字说明 "以上海鲜单个计价"。

肖先生一家点了活虾、贝壳、螃蟹，还有烧饼、豆腐和一扎啤酒。他们一家还没吃完，隔壁一桌从南京来的朱先生一家在结账时和店方因海鲜价格发生纠纷。朱先生手里拿到的账单显示 "蒜蓉大虾" 价格共计 1520 元，加上其他菜的消费共计 2175 元，其中 "蒜蓉大虾" 按 38 元一只计算。朱先生感觉自己上了当，他质问："如果论只卖，一开始就应该问我们要多少只才对，为什么给上 40 只，难道我们点了 40 只吗？"

朱先生遇到的麻烦促使肖先生问老板自己这桌饭菜得付多少钱，老板计算后说一共 1338 元。肖先生问为什么这么贵，老板说大虾是 38 元一只！老板表示，大虾是海捕大虾，而且是活的大虾，营养价值很高，38 元一只已经很便宜。

肖先生听到老板说大虾 38 元一只，当时第一反应就是："糟了，遇到'歪店'了"。肖先生和朱先生一起找店家理论，店家毫不相让，双方根本谈不拢。在这种情况下，肖先生和朱先生选择报警解决。

辖区派出所民警接到报警后来到店里，民警了解情况后告诉肖先生和朱先生，这事属于价格纠纷，他们管不了，因为不是他们的执法范围，民警建议二人找物价局投诉。

肖先生拨打物价局的值班电话，物价局值班人员说时间太晚了，而且又是放假期间，让他们还是找警察协调解决。

民警这时已经离开，两人和店方僵持着。周围有食客劝他们一走了之，但是当他们想离开是非之地时，老板拿出支撑遮阳伞的杆子威胁他们不许走，还威胁说打电话喊人来，称不给钱别想走人。朱先生后来接受采访称："店老板看我们一直不付钱，嘴里就骂一些非常难听的话，还说如果到了夜里 12 点我们还不付钱的话，就要让我们付给他加班费，加班费按照 3 倍工资支付。后来我们一直用手机拨打 110，但 110 一直没有出警。"

因为对肖先生和朱先生一直不肯付钱不满意，店老板指使店里的员工拨打 110 报警，称"有人吃了霸王餐，不给钱想逃跑"。这个报警电话让警察又出现在纠纷现场。趁着民警在场，朱先生和肖先生让各自的家属闪进人群躲避起来。

10 月 5 日凌晨，肖先生和朱先生以及店主被带到辖区辽宁路派出所。

民警在协调过程中多次告诉肖先生和朱先生这事不归他们管，民警对价格纠纷没有执法权。朱先生回忆："到了派出所，另外一个民警接待了我们，说这个事情他们真的管不了，让我们回去协商，这是让我们特别难受的地方。不管是公安系统，还是物价局，还有当地的'12345'都没用，打了都没反应。"

肖先生回忆："将近凌晨 1 点，南京的朱先生给青岛物价局一个姓李的工作人员打通了电话，派出所的警员接过了电话。物价部门的工作人员，说了一句'现在市场价都放开了，他们也不好处理'，我当时一听这句话就觉得糟了，遇到职能部门不管事了。我当时就想，算了，赶紧给点钱，能走就走了吧，再拖下去也没结果。"

在派出所里，民警曾特地将烧烤店老板支到门口，然后叮嘱肖先生和朱先生不管给店老板多少钱，一定要留好证据，以便以后维权。民警最后协调，让肖先生和朱先生先支付部分"餐费"给店主，第二天再去物价部门投诉。

最后，当着警察的面，肖先生支付了 800 元给店老板，朱先生支付了 2000 元给店老板。

肖先生事后在采访中告诉记者，这件事对于他们来说是一件非常委屈、憋屈甚至是耻辱的事："首先，相关的职能部门没有把消费者考虑在第一位，保护消费者，他们没有这个概念，就是一种很无助、很委屈、很憋屈。再就是我们一家三口出门在外，我觉得我没有能力保护她们，怎么说呢，很丢人吧。"

肖先生的女儿此次也和肖先生一起出游，她是在读大学生，目睹了事件全过程后，她觉得自己的家人受到欺诈且投诉无门，于是发了一条微博，讲述了她和父母在青岛吃饭被宰的简要情况："虾按只算，而不是按盘算，38 元一只，报警无人理，只能屈辱交钱"，"真的对这种处理方式好失望"。

10 月 5 日，青岛交通广播 FM897 官微 @ 青岛交通广播 FM897 于中午 12:31 转发肖先生女儿的微博称："当事网友表示，这家位于乐陵路92 号的'善德活海鲜烧烤'排档，当时网友和一桌南京游客同时报警。南京游客一桌 1380 元，最后给了 800 元；这位网友一桌 2700 元，最后给了 2000 元。这位网友表示'真的对这种处理方式好失望'。"

10 月 5 日，接到投诉后，青岛市、市北区两级物价局及市北区相关部门人员及时赶到位于市北区乐陵路 92 号的"善德活海鲜烧烤家常菜"大排档进行现场检查。经查，该大排档名为"市北区善德成烧烤店"，其提供的菜品虽有明码标价，但不规范，并涉嫌误导消费者消费。有鉴于此，青岛市物价局责成市北区物价局根据《价格法》等有关法律法规予以立案处理，责令其退还非法所得，并按照涉嫌价格欺诈、违反明码标价及侵害消费者权益的规定，依法进行立案查处。市北区物价局表示，将根据法定程序和时限要求从快处理。

10 月 6 日上午，青岛市物价局官微通报称，善德成烧烤店（善德活海鲜烧烤家常菜）涉嫌误导消费者消费，已责成市北区物价局根据有关法律法规予以立案处理。

10 月 6 日晚间 7 点左右，青岛市市北区区委宣传部官方微博发布消息指出，根据《中华人民共和国行政处罚法》第三十一条的规定，拟对市北区善德成烧烤店（善德活海鲜烧烤家常菜）作出 9 万元罚款的行政处罚，并责令其立即改正价格违法行为。该告知书已于当日下午送达该店。

10 月 7 日，时任山东省委常委、青岛市委书记李群对此事作出批示，时任青岛市市长张新起立即召集市政府分管负责人和有关部门研究采取措施。青岛市作出决定，对青岛市市北区市场监管局主要负责人停职检查，对该区物价、旅游等部门主要负责人进行诫勉谈话。

当天，青岛市市北区市场监管局的官方微博公布了市北区市场监管局、物价局、旅游局联合发布的《关于"善德成烧烤店宰客"处理情况的通报》（以下简称《通报》），《通报》称，外地游客在市北区旅游消费遭遇的"善德活海鲜烧烤家常菜馆"（注册名"善德成烧烤店"）宰客一事"涉嫌价格欺诈，严重扰乱了市场秩序，损害了消费者合法权益，同时也反映出我们在市场监管方面还存在许多不足。对相关消费者，我们深表歉意！"《通报》称，"天价虾"事件发生后，区物价、市场监督管理等部门对涉嫌违法的善德成烧烤店进行了现场检查，下达了罚款 9 万元、责令停业整顿、吊销营业执照的《行政处罚事先告知书》。与此同时，青岛市市北区市场监管局主要负责人被停职检查，市政府有关部门对该区物价旅游等部门主要负责人进行诫勉谈话。

当天，青岛市消保委发布《关于维护消费者合法权益的声明》，严厉谴责青岛"天价虾"涉事烧烤店宰客行为，表示将配合有关行政部门和行业组织，对消费者关心的消费领域开展监督检查，并公布投诉监督电话。

当天，青岛市旅游局、工商局、物价局、公安局联合发布《关于进一步治理规范旅游市场秩序的通告》，要求全市旅游经营者严格贯彻实施行业法律法规，并在全市范围内联合开展拉网式市场秩序大检查、大整治，坚持问题导向，对旅游市场中存在的无照经营、不正当竞争、旅游业不公平格式合同条款等违法违规行为，发现一起，查处一起。对于消费者投诉反映的问题实行首问负责制，快速有效处置游客投诉。当天，青岛市人民政府新闻办公室官方微博对此事件也进行了通报。

10 月 8 日，中消协就青岛"天价虾"事件发声，要求政府有关部门对不法经营者采取零容忍态度，依法严厉处罚。各地旅游市场监管部门应建立保护旅游消费者权益长效、联动机制，畅通消费者投诉处理渠道，建立旅游市场不法经营者黑名单制度，为消费者创造放心的旅游消费环境。

当天，《界面新闻》记者获悉，青岛市市北区市场监管局负责人已被停职。

当天下午，青岛市委副书记、市长、市旅游工作领导小组组长张新起主持召开全市旅游工作领导小组（扩大）会议。他强调，要依法全面治理服务业市场秩序，切实维护消费者权益，提升窗口行业服务质量和水平，营造良好的市场服务环境。

10 月 9 日，青岛市市北区物价局一名女工作人员给当事人之一肖先生打电话，电话中，该女工作人员就物价局未及时积极处理"天价虾"事件，以及对他及家人造成的伤害表示真诚的道歉。正式道歉后，她告知肖先生：10月4日当天收的餐费将全额退还，请他提供一个个人的银行卡号，会尽快把钱打到他的卡上。肖先生电话里说，不需要800元全退，只把多的钱退给本人就行了。吃了那顿饭，该付的钱要付。随后，女工作人员询问记录了当晚吃了哪几个菜，肖先生一一告知。

10月10日下午，回到家乡四川广元的肖先生收到了644元退款。

10月20日，网名为"青岛滩"的青岛企业家来到广元，慰问奖励了肖先生5万元现金。同时邀请肖先生再到青岛，重新感受"好客山东"。"青岛滩"介绍，作为一个普通的青岛人，他非常热爱自己的城市，得知肖先生在青岛的遭遇后，自己非常不安和难过，希望当面慰问肖先生。"青岛滩"介绍，这次之所以用网名，是因为怕被误会是炒作自己，他也婉拒透露自己的企业名字。10月22日上午，肖先生将5万元现金，捐给了广元市南河街道办南陵村一组的一个困难家庭。

在全国企业信用信息公示系统上，涉事企业"市北区善德成烧烤店"的信息显示，该烧烤店的经营者为范某杰，经营场所为山东省青岛市市北区乐陵路92号，注册日期为2015年6月17日。"善德活海鲜烧烤家常菜"老板范某某是本地人，事件发生后，其手机号被网络曝光，其本人也躲避起来，外界无从知晓其踪迹。

青岛这次宰客事件使网民联想到2008年同样发生在青岛的一起宰客旧闻——"青岛烧烤结账按每片肉收钱"。2008年11月4日出版的《齐鲁晚报》曾报道："韩先生几人在露天烧烤摊吃烧烤，结账加起来有18000多元。摊主说烧烤不是按串而是按每片肉15到20元结。韩先生拒绝付账被棍打，遂向派出所报警，经派出所调解后，仍按18000元付款结账。"

无独有偶，青岛"天价虾"事件一波未平，青岛"天价蟹"事件一波又起，涉事的餐馆同样在青岛。有一位宁夏网友李女士反映，10月4日晚她去了一家餐厅点了只帝王蟹，"店家称重之前直接把螃蟹腿都拔掉，称完后 7 斤多，而且称了就必须买，吃过后结账两个人花了近3000。”

二、案例分析

青岛"天价虾"事件发生后，社会各界和网络空间对这件事进行了热烈的讨论。北京市消费者权益保护法学会常务副会长邱宝昌表示："像青岛的这个 38 元一只虾，是比较常见的消费纠纷，是一种民事纠纷，所以公安一般不介入民事纠纷。如果确实是采取了胁迫的手段，来迫使消费者（消费）达到一定金额的就构成犯罪。"律师刘高发文称，依据刑法相关条文，结合对宰客行为的分析，公安部门在一开始就应该接手处理此一事件。

天津德唯律师事务所贾芳律师评析认为，商家的行为乃是利用虚假、使人误解的价格手段，诱骗消费者与其进行交易，这一行为已涉嫌构成价格欺诈。贾芳律师表示，根据《中华人民共和国价格法》第十三条、第十四条第三款之规定，经营者销售、收购商品和提供服务，应当按照政府价格主管部门的规定明码标价，注明商品的品名、产地、规格、等级、计价单位、价格或者服务的项目、收费标准等有关情况。经营者不得利用虚假的或者使人误解的价格手段，诱骗消费者或者其他经营者与其进行交易。这表明作为经营者应当对其提供的商品或服务进行明码标价，使交易公开透明化，不得有不正当的价格行为。根据《价格法》第四十一条之规定，经营者因价格违法行为致使消费者或者其他经营者多付价款的，应当退还多付部分；造成损害的，应当依法承担赔偿责任。同时根据该法第四十条之规定，经营者有不正当价格行为的，责令其改正，没收违法所得，可以并处违法所得五倍以下的罚款；没有违法所得的，予以警告，可以并处罚款；情节严重的，责令停业整顿，或者由工商行政管理机关吊销营业执照。

　　还有司法界的专家表示，青岛"天价虾"事件的肇事者侵犯了消费者的以下权利：一是知悉真情权。《消费者权益保护法》第八条规定：消费者享有知悉其购买、使用的商品或者接受的服务的真实情况的权利。二是公平交易权。公平交易是指经营者与消费者之间的交易应在平等的基础上达到公正的结果。公平交易权体现在两个方面：第一，交易条件公平，即消费者在购买商品或接受服务时，有权获得质量保证、价格合理、计量正确等公平交易条件；第二，不得强制交易。消费者有权按照真实意愿从事交易活动，对经营者的强制交易行为有权拒绝。三是监督批评权。《消费者权益保护法》第十五条规定：消费者享有对商品和服务以及保护消费者权益工作进行监督的权利。

　　华东政法大学陈越峰在《青岛天价虾事件的法律分析》一文中认为，物价局工作人员在电话里说"市场价都放开了，他们也不好处理"显得很不专业。《价格法》第六条有规定，商品和服务，除适用政府指导价或者政府定价外，实行市场调节价，由经营者依照本法自主制定。经营者有自主制定属于市场调节的价格的权利。虾不是"与国民经济发展和人民生活关系重大的极少数商品"，不是"资源稀缺的少数商品"，不是"自然垄断经营的商品"，它的价格属于市场调节的价格，没有政府指导价，也没有政府定价，价格由市场调节。怎么又处罚呢？因为物价局是按照涉嫌价格欺诈、违反明码标价及侵害消费者权益进行立案查处的。当事店家在菜单"海鲜类"标示"海捕大虾"38元，也有海鲜类菜品标注"时价"的，左侧"特色菜"里的"麻辣小龙虾"标价38元，右侧"家常菜"里的"红烧茄子"标价18元。但是，这些菜式和菜价都没有标注计量单位，只在菜单下方"主食"栏以下非常不显著的位置标注了"以上海鲜单个计价"字样。《价格法》第十三条从正面要求"经营者销售、收购商品和提供服务，应当按照政府价格主管部门的规定明码标价，注明商品的品名、产地、规格、等级、计价单位、价格或者服务的项目、收费标准等有关情况"；第十四条第四项则规定，经营者"利用虚假的或者使人误解的价格手段，诱骗消费者或者其他经营者与其进行交易"，属于不正当价格行为；该法第四十条则授权价格行政主管部门（物价局）"责令改正，没收违法所得，可以并处违法所得五倍以下的罚款"，"情节严重的，责令停业整顿"，或者由工商行政管理机关吊销营业执照。也就是说，当事商家被处罚，不在于"天价"而在于"标价"。把"海鲜类"菜品的计量单位悄悄藏在菜单别处，消费者即使不事先询问确认，而是误以为计量单位是"盘"或"份"并直接点单，也是受到商家标价方式的误导而产生误解。商家的这种标价行为，就是《价格法》所要规范和处罚的。

山东大学社会学系教授王忠武说，必须提高"宰客"业主的违法成本。比如，提高处罚金额，延长停业整顿期，情节严重者则终身禁止从事相关行业。同时，完善黑名单机制。此外，还要及时向社会公布店主诚信记录。王忠武说，处罚机制建立完善之后，关键还在于落实。

香港科技大学教授丁学良表示，虽然中国早就成立了保护消费者权益的官方机构，但地方上的消费者保护部门不太愿意监管或处罚当地的经营者。消费者的投诉往往被推来推去，很难真正得到受理。但他表示，"青岛大虾"事件改变了这种局面，"因为很多人现在可以用智能手机把投诉发到社交媒体上"。

大象舆情研究院程倚云认为，这些年来，全国很多地方都非常重视地域形象宣传与展示，但是一只虾却让山东花数亿元打造的对外形象毁于一旦。只注重正面形象展示，不注重负面事件的预防、处置，是不少地方政府都存在的问题。如果青岛市政府能第一时间监测到舆情，并且在网络发酵之前进行干预、处置和引导，可能就不会出现后面网络上的疯狂传播。缺乏舆情嗅觉和问题敏感，造成了城市形象毁灭性的打击，但愿青岛这只引爆舆论的"虾"能够让更多的地方得到警示。

10月21日，国务院新闻办公室举行新闻发布会，请国家发展改革委副主任胡祖才介绍推进价格机制改革有关情况，并答记者问。胡祖才在回答记者提问时表示：一是一些重点领域和关键环节价格改革还需深化。二是政府定价制度还需要进一步健全。三是市场价格行为有待进一步规范。胡祖才特别提道:"不规范的价格行为还是多发的。最近发生的青岛'天价虾'事件之类的,就属于价格行为不规范的情况。"

中外媒体也对青岛"天价虾"事件发表了大量的报道和评论。10月8日,《人民日报》刊发的评论说,正是相关职能部门的不作为,导致了事态激化,造成的不良影响已经很难挽回。恐怕到以后,"当人们一遇到旅游宰客的事,脑子里就会蹦出'青岛大虾'四个字来"。光明网就事件刊发评论文章指出,宰客频发是旅游生态不成熟、旅游市场"段位 Low"的体现。"很多时候,个案性宰客事件也能发酵成一个地方的信誉危机,因为它催生出'那地方爱坑人'的解读,进而引发公众对'某地游'用脚投票式抵制。"

10月8日,英国广播公司网站报道以《中国黄金周:"大虾事件"引来全民声讨》为题报道称,"青岛大虾"成了中国"黄金周"热词。看到"天价虾"事件登上了境外媒体 BBC,北师大管理学院教授董藩评价道:"此损失有多大?如用经济代价衡量,至少也要几十亿吧。该处理的不仅是宰客商家,更应是执法部门。整个山东是典型的人情社会,官场文化盛行,官商联系密切,无视商业秩序,投诉、纠纷根本无法正常处理,联手坑害外地人现象时有发生。"

10月10日,中青报评论员曹林发表题为《38元大虾的舆情灾难:官方错过三次挽救机会》的评论文章称:"38元大虾引发的舆情,让青岛旅游形象受到灾难性的打击。甚至殃及山东旅游形象,一只大虾让'好客山东'变成'宰客山东',甚至有网友称要剥夺青岛'全国旅游文明城市'的招牌。"曹林特别注意到长假期间舆论热点容易发酵、媒体倾向群殴典型的原因有四点:

1. 黄金周大家都在休假,而旅游市场却是最火的时候,新闻必然围绕旅游话题,旅游也正是大家关注的新闻焦点;

2. 中国各大景点问题多多,找个新闻是很容易的,被高速拥堵、景点拥堵、价格畸高等问题憋出一肚子怨气的人,也想找这种新闻发泄不满。所以宰客类新闻很容易调动起举国媒体和公众的情绪；

3. 差不多每一个出游的人，都或多或少或大或小地被宰过，对宰客深恶痛绝，"大家平常都忍了"，所累积的愤怒会通过这样的个案集中释放出来；

4. 已形成这样的报道共识，散打无效，必然集中一个案例做成典型，盯着一个地方猛曝猛打，才有新闻效果。

曹林称，如果了解这个"黄金周新闻规律"，刚看到 38 元大虾新闻时，就应该知道对这个如此有戏剧冲突、如此能激发想象力的新闻，不及时应对的话，很快就会引发新闻爆炸并导致"传播失控"。同时，如果掌握了规律，黄金周期间严于管理，则可避免因为个案而成为这种典型。

青岛"天价虾"事件也引发了网民的口诛笔伐，有网民说：在国家提出一站式、一个窗口服务理念的背景下，游客不管先找到了哪一部门，它都应该先"揽下来"，然后再协调其他相关部门处理。"强化综合执法，解决执法公正，加强问责追究，势在必行。"

社会各界对青岛"天价虾"事件的热议以及官方的回应一直持续到新年之后。2016 年 3 月，十二届全国人大四次会议山东代表团举行开放团组活动，北青报记者就青岛"天价虾"事件进行提问，青岛市市长张新起回应，"天价虾"事件对青岛来说是个"教训"。

三、启示借鉴

最早通过微博发布青岛"天价虾"事件的博主是当事人肖先生读大学的女儿。而最早转发这一微博的体制内新媒体恰恰是青岛交通广播 FM897 的官微"@ 青岛交通广播 FM897。"

10 月 5 日 12:31，拥有 560078 名粉丝的青岛交通广播 FM897 官微

"@青岛交通广播 FM897"转发山东青岛"38 元天价虾事件"微博消息。称有网友发微博投诉在青岛一家名为"善德活海鲜烧烤家常菜"的大排档遭遇"天价虾"。随后，该微博被更具影响力的"@头条新闻"转发，转评量迅速突破 5 万次，使青岛"天价虾"事件在网上迅速引发强烈关注。随着央视新闻客户端、澎湃新闻、人民网、新华网以及《新京报》等诸多主流媒体的介入，"青岛天价虾"事件迅速在"十一"长假后期引发热议，一举升格为具有全国性影响的重大舆情事件。

　　要论将青岛市推到这次舆情事件风口浪尖上的"得力"推手，青岛本地微博"@青岛交通广播 FM897"可谓"功不可没"。正是由于具有体制内背景的本地官方微博的转发，才使得一个默默无闻的普通网民通过微博所发的一条微不足道的投诉信息能够被更具全国性影响的"今日头条"抓取并再次转发，最终引发舆情连续升级，酿成全国性舆情风波。根据统计，截至 2015 年 10 月 8 日 8 时，涉及青岛"天价虾"事件的相关新闻报道共达 4162 篇，论坛帖文 1221 篇，博客文章 482 篇，各类报刊报道 223 篇，新浪微博评论 574920 条。

　　"@青岛交通广播 FM897"后来曾一度在 2015 年 11 月 17 日 18 时 41 分停止更新。与此同时，多名青岛交通广播主持人个人微博也陆续停止更新。11 月 19 日，青岛市政府新闻办官微"@青岛发布"称，青岛交通广播 FM897 已于当天完成报备，开始更新。"@青岛发布"还透露，青岛市已经对各层级官方微博、微信等互联网信息平台进行重新报备，暂未报备的互联网平台不得擅自进行信息发布。

　　青岛"天价虾"事件给相关部门带来的教训是：体制内政务新媒体自我揭短披露本地负面舆情最好同步报道负面事件已经开始处理改进措施已经跟进等正面舆情；对体制内媒体工作人员通过自办的社交媒体发布涉及本地的负面舆情应作出统一规定；体制内人员开办的自媒体和社交媒体的账号应报备，其内容应纳入舆情监控的重点对象。

　　青岛"天价虾"事件也启发相关部门，必须掌握舆情危机事件的发生规律，即"焰火之前，必有烽火"，在重大节日和重要庆典期间，总是更容易发生舆情危机事件，"焰火之前，必有烽火"和前文所提到的"黄金周新闻定律"有类似的含义，都要求在重要的敏感时刻要格外注意舆情事件的监测、预测、预警与预防。

　　青岛"天价虾"事件还启发相关部门，务必做到"内除积弊，外销积怨"，清理干净组织和机构内部的污垢和弊端，继而治理好社会的大环境，才能从社会源头和人心深处消除致灾因子和危险因素，使各类危机都失去赖以生存的环境和土壤。

参考文献

1. 曹林：《38元大虾的舆情灾难：官方错过三次挽救机会》，新浪评论，2015年10月10日。

2. http://news.sina.com.cn/pl/ch/2015-10-10/doc-ifxirwnr6885548.shtml.

3. 陈越峰：《青岛天价虾事件的法律分析》，今日头条，2015年10月10日。

4. http://toutiao.com/i6203927817798173185/.

5. 王宝璐：《形象修复理论在城市形象危机传播中的运用——以青岛"天价虾"事件为例》，《青年记者》2016年第3期。

6. 于德山：《共识与分歧：网络舆论的信息传播研究》，社会科学文献出版社2016年版。

7. 图书情报工作杂志社：《新媒体环境下的网络舆情研究与传播》，海洋出版社2016年版。

（周光凡　编写）

法国巴黎 "11·13" 恐怖袭击事件

一、案例始末

"13 日""星期五"一向被认为是西方文化中的不祥之日。2015 年 11 月 13 日适逢周五，晚上 9 点 20 分，法国巴黎塞纳河右岸第十区、第十一区原本繁华、和平的文化暨夜生活区忽遭极端恐怖分子武装自动步枪、炸药等的袭击。丧心病狂的原教旨恐怖袭击者在法国巴黎市中心，发动了法国有史以来规模最大、性质最恶劣的一次系列恐怖袭击事件。

按照官方的说法，他们可能分成 3 个小组，袭击了包括正举行法德足球友谊赛（总统奥朗德在场）的圣但尼区法兰西体育场（可容纳 8 万人）、比沙 / 阿里贝尔街交界处的"小柬埔寨"餐厅、沙龙内街的"拉贝尔队"酒吧、国王拉封丹街的"拉卡萨诺思卡"比萨饼店、伏尔泰大街附近的多个露天咖啡座，以及正举行美国重金属摇滚乐队"Eagles of Death Metal"专场音乐会的巴达克朗音乐厅（这座拥有 150 年历史的音乐厅可同时容纳 1500 人）。在音乐厅内，袭击者用肩膀架住枪托，瞄准舞台下的观众席射击，人们都趴着不敢动，只要有人动就能听到枪响。

据统计，此次袭击使用了至少两辆汽车，部分袭击者和武器装备系从法国—比利时边界运入。恐怖分子使用了 AK7.62 毫米自动步枪，以及俗称"熵炸药"的三过氧化三丙酮（TATP）炸药，实施了 5 次爆炸，5 次枪击。此次事件被称为"欧洲的 9·11"，成为继 2004 年西班牙马德里"3·11"恐怖袭击事件后西欧最大规模的恐怖袭击。袭击共造成至少 132 人死亡，352 人受伤，其中 99 人伤势严重。恐怖分子被证实打死了 7 人（全部击毙），至少 1 名警察在战斗中牺牲。法国总统奥朗德旋即宣布全国进入紧急状态并哀悼三天，召开了国家安全紧急会议，并发表公告，要求国民"团结、协作、冷静"，谴责恐怖袭击是"野蛮行为"，并宣言调动一切可能力量反恐。

二、案例分析

这次恐怖袭击事件不仅是 2004 年"3·11"马德里恐怖爆炸案后西欧最严重的恐怖袭击，也是法国有史以来规模最大、性质最恶劣的一次，和年初"查理周刊"恐怖袭击案不同，这次袭击策划周密，各袭击点配合娴熟，恐怖分子不仅表现出训练有素的"独狼"作战经验、能力，更罕见地显示了团伙配合的素质和技巧，这一切非有实力、有经验的大型国际性恐怖组织是很难做到的。

事发后不久，盘踞在伊拉克／叙利亚一带的原教旨极端恐怖组织"伊斯兰国"（ISIS）便在网站上发帖，宣布对此次"圣战成果"表示"祝贺"；巴黎时间 14 时 37 分，ISIS 又发表长篇声明，宣称对此次袭击事件负责，并且详细给出了"圣战细节"，包括"圣战者"人数、袭击方式、"烈士事迹"等。声明将恐怖分子称作"兄弟""烈士"，将针对平民的恐怖袭击称为"对法国武装干涉的报复"和"为教义正名的圣战"，扬言要"前仆后继"，对一切"损害真主和'伊斯兰国'的行为"继续进行"无情报复"，尽管声明仅是一面之词，但种种迹象表明，ISIS 和此次恐怖袭击事件间存在十分密切的关系。

从目标选择而言，此次袭击事先经过周密策划，有准备、有策应、有虚张声势和佯动掩护，有海外人员、武器和经费的支援，所有袭击目标都经过精心选择，政治影响大（法兰西体育场正举行法德国家足球友谊赛，奥朗德总统亲自到场），新闻价值高（巴黎是世界著名大都市，媒体和媒体人云集，在全媒体时代又可迅速激发新闻热点），人流密集（右岸是著名的文化区和夜生活区，晚间正是人流集中的节点，而发生枪战或爆炸的几处又是人流量最大的公共娱乐休闲设施）。拿此次袭击的第一个目标来说，经警方证实，当地时间 21 点 20 分左右位于巴黎市北圣但尼区的法兰西体育场周围密集发生了 3 次爆炸，虽然这三次爆炸直接造成的死亡人数已被修正为 1 例，但当时场内正举行法国—德国国家队间的友谊赛，不仅场内观众多达数万，且媒体云集，机位密布，奥朗德本人也亲临现场，爆炸声通过电视和网络视频直播"响彻全球"，数万观众在赛后为避难涌入场中的一幕更震撼人心。恐怖袭击的要旨是制造和传播恐怖，在很大程度上是一种"心战"，唯有"心战"效果卓著，恐怖袭击策划者才能获得其期望中的"利益"，包括震慑对手、恐吓社会，也包括制造人气、吸附更多支持者和资金。不论最终能否得逞，但目标选择的指向性是十分明显的。正如法国总统奥朗德和各国领导人、政要、传媒所言，这不仅是极端血腥、暴力和野蛮的行为，也是一场不折不扣的战争。

从袭击角度而言，此次袭击采取了多点开花的战术应对警方的布控。一般遭遇恐怖袭击后，警方、军队以及专业反恐怖特种部队会对核心现场实施外、中、内 3 层封控，既防止恐怖分子趁乱溜走，又为即将发起的突击作战扫清障碍。此次巴黎袭击，同一时段内有多处地点遭遇袭击，让没有防备的巴黎警卫力量感觉捉襟见肘。事前事后还有各种配合和佯动，包括赛前虚报德国国家队接待酒店炸弹、法德边界多次通报军火和人员走私，以及事发后"老佛爷"商业区炸弹虚警等，误导了不少警力及媒体。法兰西体育场的三声爆炸极可能就是"全面动手"的三声"号炮",此后几分钟至十几分钟内,第十区、第十一区的多个目标相继遭到枪手的袭击和扫射,包括比沙/阿里贝尔街交界处的"小柬埔寨"餐厅、沙龙内街的"拉贝尔队"酒吧、国王拉封丹街的"拉卡萨诺思卡"比萨饼店、伏尔泰大街附近的多个露天咖啡座,随后4名恐怖分子闯入第十一区巴达克朗音乐厅,劫持并杀害人质,是此次系列恐怖袭击事件中最严重的一次伤亡。这种"闻声即动、多点开花"的恐怖袭击方式需要周密的策划、准备,更需要实施者较强的配合意识、能力,非一般恐怖分子和组织所能做到。

从袭击地点而言,正在演出的音乐厅、正在进行比赛的足球场、正在用餐时间的市中心餐厅,都是人员大规模聚集区域。这些目标都位于巴黎市中心塞纳河右岸,是著名的文化区、夜生活区,事发时"夜巴黎"街头人烟鼎盛,情绪松弛,几处被袭击的餐厅、咖啡座宾客盈门,巴达克朗音乐厅则正举行美国重金属摇滚乐队"Eagles of Death Metal"的专场音乐会,很显然,上述目标经过精心选择,都具备"人多眼球多"的共性。这些正在球场看球、餐厅用餐、音乐厅欣赏音乐的普通人和任何势力、个人都往日无怨、近日无仇,将他们当作袭击目标,且精心安排,周密策划,唯恐杀得不多、声势不大。恐怖分子在这些场所直接用突击步枪和炸药进行攻击,换作其他任何一个城市,损失都将异常惨重。

还有一个细节值得关注——整个袭击过程中8名"一线"恐怖袭击分子并未蒙面,不试图逃生、不发任何声明、不利用人质谋求逃生,这也就意味着他们都是抱着必死的决心发起攻击的。尽管是否仍有漏网恐怖分子众说纷纭,但此次恐怖袭击中投入"一线"的"圣战者"人数并不算多,被击毙的仅8人(7名自爆,1名被警方打死,其中4人死于巴达克朗音乐厅)。在被打死的人当中,警方已辨认出一名出生于1985年的男性,此人曾在2004年和2010年两度被法庭指控8项普通刑事罪名,2010年被证实参加了原教旨极端组织"ficheS",警方还逮捕了一名涉嫌将3名恐怖分子从比利时边界运往巴达克朗音乐厅的法国籍男子。另有消息称，被击毙恐怖分子中有一人系 1990 年出生于叙利亚、10 月在希腊登录的叙利亚难民。这些枪手装备精良（配备 AK 自动步枪、大量炸药包和自杀用的炸药腰带），训练有素，且和年初"查理周刊恐怖案"的"独狼模式"不同，此次恐怖分子表现出以往欧洲原教旨恐怖袭击中罕见的团组战术协调配合能力，令人毛骨悚然。另外，此次袭击的目标都是所谓"夜场"，这些过去较少被原教旨恐怖团伙所选择的世俗娱乐场所，由于和原教旨教条格格不入，而不便于原教旨分子"踩点"。这一突破标志着原教旨恐怖分子为达目的更加不择手段（甚至不惜"变通"视作神圣的教旨）。

　　法国在恐怖袭击发生后第一时间召开了国家安全紧急会议，宣布全国进入紧急状态和一系列安全强化措施，如法国各口岸和边境加强了安检和戒备，数千名士兵也加入了反恐和维持治安行列等。在恐怖袭击发生前也采取了诸如不允许本国清真寺雇用外籍阿訇等意在切断原教旨全球网络渠道的防范措施，这些都有利于减少更多恐怖袭击的发生概率。但法国是西欧穆斯林人口最多、原教旨"自循环"程度最深的，许多此前被查获的恐怖分子虽然有中东或非洲血统，却是生在法国本土、拥有法国国籍的，而欧盟内部边界检查的取消，和法国地面交通客运系统安检的松懈（甚至可说形同虚设）又非法国一国所能左右，这意味着不论如何严防死守，今后恐怖分子在法国仍远非无隙可乘。

　　惨案发生后，法国国内，前总统萨科齐对进入紧急状态表示支持，呼吁全体法国人"团结不屈服"，并以反对党共和党主席身份呼吁对恐怖分子实施"总体战"；前总理朱佩指出"反恐是持久战"，呼吁法国民众"冷静、坚强"；IMF 总裁拉加德对遇难者家属表示沉痛哀悼和坚决支持，并谴责了恐怖主义的野蛮行径；中间派联盟领导人贝鲁呼吁所有参与反恐的单位和个人"沉着、坚强，采取一切可以采取的行动"；左翼党领导人梅朗雄强调"哀悼是必要的"，但呼吁"不要让仇恨左右思考，将特定的宗教和人群当作整体上的敌人"；社会党总部则呼吁"全体法国人团结，暂停政治上的相互指责，相信安全部队的能力"；极右翼领导人、国民阵线主席马丽娜·勒庞称"法国安全受到威胁"，呼吁恢复边防、情报、海关和宪兵等机构的功能，禁止伊斯兰组织和激进清真寺活动，驱逐"仇视法国的外国人和非法移民"，拒绝受理参与 ISIS 等恐怖袭击者原籍国国民的入籍和避难申请。

国际上，联合国秘书长潘基文表示，此次袭击为"卑鄙的袭击"，要求立即释放巴塔克兰剧院被劫持的人质。中国国家主席习近平则代表中国政府和人民，以个人名义，对这一野蛮行径予以最强烈谴责，向不幸遇难者表示深切哀悼，向伤员和遇难者家属表示诚挚慰问。俄罗斯总统普京称，坚决谴责这种没有人性的杀戮，并准备提供一切援助调查这些恐怖罪行。从纽约到上海，从悉尼到旧金山，世界各地的地标景观都亮起了支持法国的蓝白红三色灯火，但很显然，各方出于各自立场、利益，在强调反恐和谴责暴力的同时，也对何为反恐、何为恐怖主义及如何采取行动，做出了各自的解读。中国国家主席习近平谴责恐怖主义，表示中国愿意帮助法国和国际社会反恐；美国总统奥巴马称，这些恐怖袭击所针对的不仅是巴黎，也是全人类和"我们的普遍价值观"；德国总理默克尔对袭击表示"极大震惊"，并对所有恐怖袭击受害者及其家属，以及全体巴黎人表示同情；英国时任首相卡梅伦同样对恐怖袭击表示震惊，并宣布英国将竭尽所能帮助法国；英国女王伊丽莎白二世夫妇对恐怖袭击所造成的可怕损失感到痛心，并对遇难者家庭致以最深切的慰问；以色列总理内塔尼亚胡表示"将和法国人民并肩投入共同的反恐战争"；阿富汗总统加尼称"事实证明恐怖分子是不分国籍的"，他表示阿富汗是恐怖主义的长期受害者，十分理解法国人的悲伤和痛苦，土耳其总统埃尔多安、加拿大总理特鲁多、西班牙首相拉霍伊、意大利总理伦齐、教皇方济各等也纷纷表达了对恐怖主义的谴责和对法国受害者家庭的支持。

近年来，原教旨极端恐怖势力已在世界各地制造了无数起骇人听闻的恐怖血案，前有"基地"、后有"伊斯兰国"，包括和其有瓜葛、受其资助及影响的各地"外围",已对包括"五常"在内,遍布各大洲的国家、地区及其人民施加了种种暴力犯罪行为,按照奥朗德总统等许多人士的说法,这就是战争,是恐怖极端势力向全人类在宣战。巴黎袭击事件一出,就有一些声音开始质疑法国军警应对不力,导致人质大规模死亡。然而,此次袭击恐怖分子根本没有以人质换取政治目的的诉求,换言之他们根本没有给特种部队的反劫持行动留出准备时间。从新闻媒体的报道来看,巴塔克朗音乐厅袭击中,他们直接用自动步枪对音乐厅内的观众进行扫射,甚至直接将炸药扔向人群,从遭遇袭击到警方攻击的一个小时内造成了惨重的人质伤亡,而他们唯一的目的就是通过对已经控制的人质以行刑的方式逐一杀害,造成大规模平民伤亡从而给法国政府以致整个和平世界施加压力。事实上,随后其他国家即未雨绸缪加强了安全戒备,这显然会增加恐怖组织实施后续恐怖袭击的难度。但这或许也正中恐怖组织下怀——制造恐怖气氛、扩大自身"知名度"和影响,破坏目标国社会安定、经济机器正常运转,让人们的生活、工作因安全顾虑而时刻受到威胁和影响,正是恐怖势力滥施淫威的重要战略企图之一。

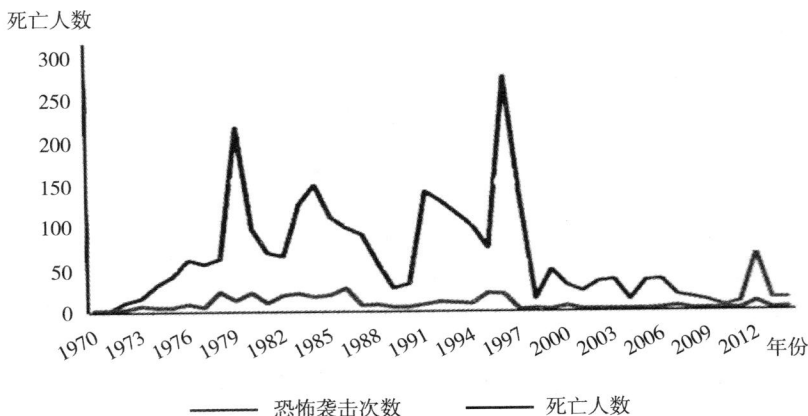

过去 45 年法国恐怖袭击及死亡人数(1970—2014)

数据来源:全球恐怖主义研究数据库。

究其原因，有专家认为法国频发的恐怖袭击事件说明该国在防范恐袭方面还存在不少薄弱与漏洞。中国现代国际关系研究院院长特别助理李伟在接受《环球时报》记者采访时指出，法国自己曾有一份调查报告承认，法国在反恐情报的收集上"全面失败"，情报是防范恐怖袭击最重要的前提，这使得法国的反恐能力存在重大的漏洞。此外，法国甚至整个欧洲对反恐具体措施的投入都存在严重不足的情况。"法国每年的反恐经费大概在 6 亿到 7 亿美元，尚不足美国 470 亿美元反恐投入的零头。反恐是一个综合能力，有限的投入大大限制了其能力的发展。"复旦大学欧洲问题研究中心主任丁纯则介绍说，一方面，法国外来移民多，管理难度大，人员杂处；另一方面，法国民众生性崇尚自由，反恐举措落实有一定难度。此外，法国的大城市、名城多，恐怖分子将它们作为目标将更容易获得影响力，再加上政府积极参加反恐行动，也容易遭到报复，这些都可能是法国频发恶性恐怖袭击的原因。不过，反恐本身就是复杂而艰巨的任务，反恐措施的加强未必一定能减少恐怖袭击发生的频率。整个国际恐怖活动把欧美作为主要攻击的目标这一点并没有改变，欧洲的反恐行动必须实现一体化，否则很难真正起到作用。

三、启示借鉴

1. 恐袭，为何法国备受"青睐"

从 1970 年至 2014 年，法国共发生过 2580 起恐怖袭击，导致 269 人死亡，其中 15 人为行凶者。法国的恐怖主义活动在 20 世纪 80 年代至 90 年代期间大规模爆发，主要是科西嘉民族解放阵线（FLNC）所采取的行动。过去 45 年间法国发生的恐怖袭击中，86% 并未造成人员死亡，死亡人数最多的一次恐怖袭击于 1978 年发生在马赛市，造成 9 人遇害。

作为欧洲乃至世界名列前茅的政治、军事强国，法国何以屡屡成为原教旨极端恐怖主义的袭击目标?

第一,法国作为欧洲的三驾马车之一,处于欧洲大陆的核心地带,其所受袭击可能产生的影响更大。

第二,原教旨恐怖分子在法国"如鱼入海",容易隐蔽。

第三,巴黎等大城市种族、宗教矛盾尖锐。

第四,法国"设防不足"。

2. 舆论传播路径

(1) 短消息、图片化为主的实时更新。

巴黎遇袭,国内外媒体都在第一时间对事件展开报道。作为法国本土最大、世界四大国际通讯社之一,法新社派记者直击现场,并在官方网站明显位置设置了更新最新板块,实时更新事件进展以及伤亡人数,成为世界媒体原因消息的最大来源。除了本土媒体外,BBC、《卫报》《纽约时报》、CNN 等多家媒体都对事件展开了报道。其中,BBC 运用了大量现场连线而成的短视频、图片新闻等对事件进行了直播报道,现场感、还原度极高。我国媒体除中央级媒体展开电视连线直播外,各大新闻网站、客户端都展开专题报道。网易新闻客户端于巴黎事件 11 月 14 日凌晨 1 点,即搭建成涉及"最新消息""现场状况""视频直击""图片报道"等 9 个板块的报道专题,同时,援引 BBC、法新社等多家一线媒体消息,展开同步图文直播,在线人数近千万。

(2) 网络环境下媒体互动性的加强。

移动互联网时代,社交化、互动性报道已成为趋势,大事件一旦发生,社交媒体往往是最快速的信息传递方式。袭击事件发生后,一名叫 Benjamin 的网友,在脸书(Facebook)上直播自己被困在巴塔克兰音乐厅的情况;巴黎当地居民也在 Facebook 上发起 #PrtesOuvertes(开门)活动,为逃难者提供避难所。随后,Facebook 官方将"安全检查"功能重新开启。我国国内,社交平台的相关信息也呈爆炸性出现,微博上话题 # 巴黎恐怖袭击 # 的阅读量达到 3 亿。不少新闻客户端在直播事件进展的同时,也邀请国内知名政治、军事时评人展开点评性直播,回答网友"为什么是巴黎""ISIS 到底是什么"等问题。

（3）多种媒介互补的报道形式。

除实时直播性报道，世界各大媒体都采用了其他技术手段对事件进行了补充报道，法新社采取"伤者地图"的形式，在航拍地图上注明遭受袭击地点，网友移动鼠标点击地图，即可直观地看到该地伤亡情况、现场照片。相比国外媒体，国内媒体大多采用 HTML5（H5，即超文本标记语言）的形式进行辅助报道，澎湃新闻汇集国外社交媒体上的视频资源制作成 H5，通过声效还原恐袭现场，效果震撼。而网易新闻客户端以情动人，制作"我最讨厌的事情是面对千里之外的屠杀，我们却无能为力"H5，引发网友强烈共鸣。

（4）深度报道生动还原现场。

在消息化、碎片化的即时新闻更新到一定程度时，公众开始探究"巴黎这一夜到底发生了什么""现场有哪些不为人知的故事""人们该如何逃出生天""恐怖主义是否真的变成了战争"……深度报道的推出进行了及时的补充。美国 CNN 开设"目击者的故事"专栏，采用目击者口述视频合集的方式，还原现场。而《卫报》则采取现场记者亲历的方式，以第一人称口述袭击经过。

相比于国外媒体的一线直击，国内媒体大部分选取故事性文字报道还原现场。以网易新闻客户端原创栏目《路标》为例，该栏目将 Facebook、BBC、CNN 等媒体上零碎信息的整理，通过合作媒体对目击者进行采访，最后按照时间顺序，描述同一时间巴黎不同遇袭地点人们的不同经历，用文字绘制出一张巴黎时间 13 日下午 4 点半至 14 日零点的时空地图。而《灼见》栏目则邀请军事评论员朱克奇对法国总统奥朗德反复强调的"战争行径"进行解读。

法国恐怖袭击事件，既强化了国际社会对于极端宗教势力威胁的认知，也引发了人们对于恐怖主义肇因的深入思考。法国的"伊斯兰化"、欧洲的衰落、西欧人口比例发生的变化等，从不同角度为"法兰西之殇"作了注解。这是一场谁也无法独善其身于外的严峻战争，不同国家、不同政治势力和每一个人都应暂时搁置分歧，携手共同向恐怖主义宣战——因为他们要摧毁的，乃是我们最弥足珍贵、最不能失去的东西：和平、自由、多元文化和美好生活。而我们照常起居、生活、工作、学习、娱乐，珍惜生命和人生，爱每一个值得爱的人或事物，让美好永存，就是反恐的最大胜利！

参考文献

1.《巴黎恐袭致 132 人遇难法轰炸 IS 投 20 枚炸弹》，新浪网，2015 年 11 月 16 日。

2.《巴黎 13 日发生 6 起枪击事件 3 场爆炸事件》，腾讯网，2015 年 11 月 14 日。

3.《奥巴马：这是一起针对全人类的恐袭》，网易新闻，2015 年 11 月 14 日。

4.《法国警方：7 名恐怖袭击分子已全部被击毙》，搜狐网，2015 年 11 月 14 日。

5.《法国总统奥朗德称 IS 对恐怖袭击负责》，凤凰网，2015 年 11 月 14 日。

6.《恐怖袭击为何会发生在法国》，腾讯网，2015 年 11 月 14 日。

7.《法国警方公布恐怖袭击时间及地点》，网易网，2015 年 11 月 14 日。

8.《巴黎袭击案细节：袭击者高喊"为了叙利亚"》，新浪网，2015 年 11 月 14 日。

9.《巴黎恐袭核心事实汇总：死亡总数已升至 140 人》，腾讯网，2015 年 11 月 14 日。

10.《目击者称歹徒持 AK47 射杀路人　百人在音乐厅被劫》，网易新闻，2015 年 11 月 14 日。

11.《独家：不留活口不谈判　巴黎恐怖袭击已经变种！》，凤凰军事，2015 年 11 月 14 日，http：//news. ifeng. com/a/20151114/46242945_0. shtml。

12.《专家解读：法国为何成为欧洲安全"软柿子"？》，《环球时报》2016 年 7 月 15 日，http：//finance. ifeng. com/a/20160715/14601526_0. shtml。

13.《美媒：巴黎连遭恐袭　恐怖分子本锁定更多目标》，环球网，2016 年 9 月 6 日，http：//world. huanqiu. com/exclusive/2016-09/9406335. html。

（李一静　编写）